Kleine Schriften – Rechtswissenschaft
Short Cuts – Law

Band | Volume 3

Arthur Kreuzer

Verschweigen – Vertuschen – Verdrängen

Rückblick eines Kriminologen und Zeitzeugen der „vergessenen Generation"

Onlineversion
Nomos eLibrary

Die Deutsche Nationalbibliothek verzeichnet diese Publikation in der Deutschen Nationalbibliografie; detaillierte bibliografische Daten sind im Internet über http://dnb.d-nb.de abrufbar.

ISBN 978-3-7560-1383-8 (Print)
ISBN 978-3-7489-1925-4 (ePDF)

1. Auflage 2024
© Nomos Verlagsgesellschaft, Baden-Baden 2024. Gesamtverantwortung für Druck und Herstellung bei der Nomos Verlagsgesellschaft mbH & Co. KG. Alle Rechte, auch die des Nachdrucks von Auszügen, der fotomechanischen Wiedergabe und der Übersetzung, vorbehalten. Gedruckt auf alterungsbeständigem Papier.

Inhaltsverzeichnis

Einführung   9

I. Personen und Erfahrungen im familiären Bereich   17

1. Der Vater und die NS-Vergangenheit   17
2. Stiller Widerstand – die Mutter   20
3. Ältester Bruder und die HJ   24
4. Ein Onkel und die „Deutschen Christen"   26
5. Exkurs: Ein Verwandter der „vergessenen" oder „stillen Generation" wertet familiäre Tagebücher aus   29

II. Erfahrungen in der Schulzeit   39

1. Autoritäre Erziehung in einer bayerischen Volksschule   39
2. Schul-Reformitis in Hamburg   42

III. Eindrücke vom Umgang mit der Vergangenheit in der Studienzeit   47

1. Festschrift für den NS-„Kronjuristen" Carl Schmitt   48

2.	Alte Lehre in neuer Verpackung: Herbert Krüger	50
3.	Kontinuität von fragwürdigen Strafrechtslehren: Edmund Mezger	52
4.	Fehlende Auseinandersetzung mit den Nürnberger Prozessen	55
5.	Umgang mit dem jüdischen Remigranten Richard Honig 1964	59
6.	Erfahrungen der Kriminologin Anne-Eva Brauneck in drei historischen Perioden	62
IV.	**Berührungen mit deutscher Vergangenheit auf Auslandsreisen**	**65**
1.	Erinnerungen an die Vergangenheit in Griechenland 1959	65
2.	Am Rande eines Besuchs bei der NATO in Paris 1966	68
3.	Erfahrungen in Jerusalem 1991	70
4.	Exkurs: Grenzen der Israel-Kritik	73
5.	Ergänzung zum Exkurs: Überfall auf Israel am 7. Oktober 2023	80

Inhaltsverzeichnis

V.	Die Gießener Professur für Kriminologie: Vergangenes und Neuanfänge im Umgang mit Vergangenem	83
1.	Ein bedeutender Vorgänger: Wolfgang Mittermaier	83
2.	Bemerkenswertes aus neueren Gießener Veranstaltungen zur Auseinandersetzung mit der Vergangenheit	87
VI.	Beispielgebendes Gedenken an Holocaust-Opfer heute	91
VII.	Beispielhafte Erfahrungen auf Vortragsreisen in Länder mit totalitären Tendenzen	95
1.	Brasilien 1981, Argentinien und Uruguay 1983	96
2.	Türkei, 1983	103
3.	Südostasien 1990	108
4.	Iran 2002	115
5.	USA 2001 – „Nine Eleven" und Gefahren auch in einer Demokratie für Missachtung von Menschenrechten und Völkerrecht	119

Ausgewählte Schriften   **135**

Einführung

„Die vergessene Generation": das sind jene in *Sabine Bodes* Buch (2004) nach langem Schweigen zu Wort Kommenden, die zeitnah zum zweiten Weltkrieg geboren wurden; sie hatten als „stille Generation" zuvor nie über ihr Schicksal, ihre Kriegs- und Vertreibungserlebnisse geklagt. Ihre Eltern hatten über eigenes Verhalten in der vorangegangenen Phase des NS-Unrechtsregimes geschwiegen. Man verdrängte diese Zeit, wollte sich nicht nach seiner Haltung oder gar Mitverantwortung fragen lassen. Kinder wurden dazu angehalten, Kriegserlebnisse hinter sich zu lassen, nur nach vorn zu blicken, das Leben auf eine Zukunft in Sicherheit hin zu planen. Alt geworden erleben manche aus dieser Generation nun posttraumatische Belastungsstörungen – heimgesucht von Erinnerungen an unbewältigte Kindheitserlebnisse.

Als Autor – 1938, ein Jahr vor dem Krieg geboren, – gehöre ich zu dieser „vergessenen Generation". Wie blicke ich zurück? Warum dieser Bericht über Erlebnisse und Wahrnehmungen – zumal als Kriminologe? Keineswegs sehe ich mich als posttraumatisch belastet. Nach Abschluss meines wissenschaftlichen Arbeitens habe ich jedoch Zeit, Erinnertes aufzuarbeiten. Da entsteht ein Gefühl, manches nachfolgenden Generationen vermitteln zu sollen.

Einführung

Als siebtes Kind einer seit 1939 verwitweten alleinerziehenden Mutter hatte ich Nöte und Sorgen der Kriegs- und Nachkriegszeit intensiv erlebt. Doch unsere Mutter hatte mit uns stets Vergangenes und dann von uns selbst Erlebtes besprochen. Im Laufe von Ausbildung und beruflichem Wirken an Universitäten habe ich jedoch mit zunehmender Aufmerksamkeit und Sorge wahrgenommen, was ein konstruktives Verarbeiten der von Gewalt und Willkür geprägten deutschen Vergangenheit geradezu verhinderte: Allenthalben Verschweigen, Verdrängen, Vertuschen, sogar Leugnen oder Beschönigen, auch bloßes Vergessen von unvergleichbar schwerem Unrecht, von Gräueln in unermesslichen Formen und Ausmaßen, darüber hinaus fehlende Empathie gegenüber Abermillionen Opfern und Angehörigen!

„Nie Wieder": Das wurde uns nach der Gründung der Bundesrepublik verheißen. Damit es wirklich Leitgedanke politischen und gesellschaftlichen Gestaltens sein oder werden kann, sollten wir Zeitzeugen der Kriegsgeneration unsere Erinnerungen, Beobachtungen und Sorgen weitergeben. Jüngere werden dann vielleicht aufmerksamer wahrnehmen und bewerten, was heutzutage geschieht, wenn Demokratie und Menschenrechte bei uns und weltweit in Gefahr sind. Gefahren zeichnen sich ab, wo immer Freund-Feind-Denken, Antisemitismus, Ablehnung des Anderen, Andersseins, Fremdenfeindlichkeit, auf Verschwörungstheorien fußende Ideologien, Radikalismus, Schüren von Ängsten – mit neuen Techniken

Einführung

der Verbreitung namentlich in sozialen Medien – wieder auftreten und Gesellschaften spalten.

So belegen die rhythmisch durchgeführten Leipziger Autoritarismus-Studien (*Decker et al. 2022*), dass weiterhin Ressentiments bestehen, etwa gegen Juden, Muslime, Sinti und Roma; vielerorts gibt es noch oder wieder antisemitische Ausschreitungen; rechtsautoritäre Milieus finden in Verschwörungstheorien eine Brücke zueinander und zu beispielsweise im Zusammenhang mit Corona entstandenen Protestgruppen; dass neuerdings eine rechtsextreme „Reichsbürger-" Verschwörungsgruppierung durch die Inhaftierung führender Mitglieder bekämpft werden musste, spricht Bände.

Die Erinnerungskultur geht nicht nur Deutsche an, die nach ihren Wurzeln schon immer mit diesem Land und seiner Geschichte verbunden waren, sondern auch die vielen Zugewanderten in einer nunmehr weitaus diverseren Gesellschaft; sie können gleichfalls ethnischen, religiösen oder sozialen Spannungen ausgesetzt sein (zur deutschen Erinnerungskultur kritisch *Wolffsohn* 2022). Zur gleichen Zeit finden spät, doch wohl nicht zu spät, mahnend immer noch letzte Strafverfahren gegen nunmehr um 100-jährige ehemalige Bedienstete in KZ´s wegen möglicher Beihilfe zu Morden statt. Sie zeigen, dass selbst im Rahmen des Holocaust begangenes Unrecht längst nicht hinreichend juristisch aufgearbeitet ist.

Einführung

Ferner geht es darum, einer Polarisierung der Meinungen, einer Schwarz-Weiß-Sicht, einer Einteilung in „Gute" und „Böse" im Umgang mit der Vergangenheit entgegenzuwirken. Argumente und Positionen zwischen extremen Sichtweisen und uniformen Parolen werden aufgezeigt. Sie legen wirklichkeitsgerechtere Konsequenzen nahe. So werden manche Persönlichkeiten umrissen, die sich nicht als Widerstandskämpfer verstanden sondern im Alltag Empathie zeigten, „stillen Widerstand" lebten.

Die Schilderungen wollen nicht wissenschaftliche, systematische Analysen sein, wie man sie von einem Wissenschaftler erwarten könnte. Es sind ausgewählte konkrete Beispiele von selbst Erlebtem, Beobachtetem, Erinnertem. Sie sind authentisch und dürften emotional stärker berühren als abstrakte streng wissenschaftliche Erkenntnisse. Systematisch aufbereitete Befunde sind unverzichtbar; sie werden hier nicht ersetzt, sondern ergänzt. Beispiele aus dem Leben setzen sich allerdings Einwänden der Subjektivität und möglicherweise trügerischen Erinnerns aus. Entsprechende Bedenken sind ernst zu nehmen; indes wurden die dargestellten Episoden anhand eigener Aufzeichnungen und objektiver Quellen soweit wie möglich überprüft. Implikationen des Berichteten für Recht, Politik und Zeitgeschichte werden jeweils nur angedeutet.

Zumal als Rechtswissenschaftler und Kriminologe möchte ich entsprechende eigene Erfahrungen darlegen und damit aufzeigen, wie sehr das Verdrän-

Einführung

gen die Ausbildung des juristischen Nachwuchses gekennzeichnet und so Kontinuität auch von Denkweisen seinerzeit Verantwortlicher für massenhafte Gewalt begünstigt hat. Insbesondere meine Wissenschaftsdisziplin – die Kriminologie – hat die Thematik lange Zeit vernachlässigt. Als empirisch-wissenschaftliche Disziplin hat sie sich ohnehin erst spät wieder in unserem Land etabliert. Immerhin gibt es seit Jahrzehnten schon quantitativ und qualitativ beachtliche Forschung zur alltäglichen Kriminalität, auch in schwersten Erscheinungsformen. Dagegen hat sie sich wissenschaftlicher Aufarbeitung von Makrokriminalität, namentlich staatlich veranlasster Massengewalt und ganz besonders von NS-Unrecht und Holocaust – also den historisch und weltweit nach Verankerung in allgemeinem Denken, nach Formen und Ausmaßen einzigartigen, paradigmatischen Staatsverbrechen – lange weitgehend entzogen. Eine Ausnahme stellt lediglich die frühe kriminalwissenschaftliche Studie zur NS-Gewaltkriminalität von *Herbert Jäger* (1982) dar.

Erst seit wenigen Jahren wird in der Kriminologie ein neuer Topos diskutiert, der sich spezifisch entsprechenden Staatsverbrechen sowie ihren Nachwirkungen und der Reaktion auf das Unrecht in nachfolgenden Staatsordnungen widmet. Zum einen geht es um eine „Criminology of the Holocaust" oder „Criminology of the Shoah" (*Vegh Weis* 2023). Dieser kriminologische Schwerpunkt arbeitet vor allem historisch-kriminologisch den Umgang mit dem Staats-

Einführung

verbrechen in „states of denial" aus; er analysiert also Entwicklungsstadien, Formen und Gründe des Verdrängens und Rationalisierens des Holocaust in Politik und Gesellschaft der Nachkriegszeit Deutschlands, nicht zuletzt mit präventivem Anliegen. Die nachfolgenden Erinnerungen namentlich zum Umgang mit der NS-Vergangenheit in der von mir erlebten Juristenausbildung wollen exemplarisch beitragen zu solcher Forschungsausrichtung. Zum anderen geht es generell um den Umgang mit und die Aufarbeitung von vergangenem Staats-Unrecht, von Gewalt und Willkür in diktatorisch regierten Ländern unserer Zeit. Untersucht wird, wie in Stadien des Übergangs von Gewalt-Regimes in demokratische Staatsordnungen vorangegangenes Unrecht aufgearbeitet oder eben verschwiegen, vergessen, verdrängt wird; vergleichend werden Möglichkeiten herausgearbeitet, die sich bewährt haben, um einem Verdrängen und Rückfällen entgegenzuwirken, außerdem den Opfern gerecht zu werden (*Hoeres/Knabe* 2023). Diese breiter und international angelegte Ausrichtung von „State Crime Criminology" verfolgt ebenfalls ein präventives Anliegen.

In der Darstellung eigener Erkenntnisse, Erfahrungen und Erlebnisse im Umgang mit vergangenem Unrecht werden zuletzt außerdem Wahrnehmungen in einem wichtigen, ja führenden demokratischen Land widergegeben. Damit soll exemplarisch gezeigt werden, dass auch gefestigte Demokratien nicht dagegen gefeit sind, von innen heraus infrage gestellt

Einführung

zu werden durch Spannungen, gesellschaftliche Risse, Hasscampagnen, die angesichts unvorhersehbarer dramatischer Zwischenfälle und Gefährdungssituationen entstehen oder verstärkt werden können, wenn nicht rechtzeitig gegengesteuert wird. Um Demokratie, Rechtsstaatlichkeit, Wahrung der Menschenrechte, Frieden muss jederzeit und überall neu gerungen werden.

I. Personen und Erfahrungen im familiären Bereich

Über eigene familiäre Erfahrungen öffentlich zu berichten, erscheint heikel. Aber Glaubwürdigkeit und Authentizität legen es nahe. Persönliche Wahrnehmungen, Einstellungen und Haltungen sind ja familiär mit geprägt. Die dargestellten Personen sind schon verstorben. Sie können beispielhaft für andere stehen, die in ähnliche Situationen und Herausforderungen gerieten. Allerdings gilt: „de mortuis nil nisi bene", also fair zu berichten (nicht indes nach falscher Übersetzung und Sinninterpretation: nur Gutes).

1. Der Vater und die NS-Vergangenheit

Da ist zuerst der Vater: Ein kompetenter, bei Patienten beliebter Psychiater bayerischer Herkunft. Er hatte meine Mutter während des gemeinsamen Medizinstudiums kennen gelernt und in Hamburg bis zu seinem Tod unmittelbar vor Kriegsbeginn als niedergelassener Arzt gewirkt. Kennzeichnend für die damalige gesellschaftliche und politische Haltung war es bereits, dass meine Mutter als eine der ersten Medizinstudentinnen an seiner Dissertation mit-

I. Personen und Erfahrungen im familiären Bereich

arbeiten, doch nicht selbst die ihr von einem ihrer Professoren angebotene Doktorandentätigkeit übernehmen und die erworbene ärztliche Approbation später beruflich umsetzen durfte; sie sollte nur für Familie und viele Kinder zuständig sein.

Früh trat er in die NSDAP, alsbald in die SS ein mit konsequentem Kirchenaustritt. Das lässt sich vielleicht nachvollziehen im Blick auf seine Jugenderlebnisse: Überstreng katholisch erzogen, wegen seiner Beschäftigung als Schüler mit philosophischen Schriften, u.a. von *Nietzsche*, in ein katholisches Internat abgeschoben mit der Weisung, die Lektüre des Schülers zu kontrollieren; 1914 als 18-Jähriger nach dem Abitur freiwillig Soldat, um Kaiser und Reich im gerade ausgebrochenen ersten Weltkrieg zu dienen; Erlebnisse von existenziellen Ängsten, Demoralisierung, Ausschreitungen bei Besetzungen, vom grauenvollen Sterben ringsherum, von Zerstörungen, Plünderungen, Prostitution, von eigener Verletzung und nachhaltiger Erkrankung in Stellungskriegen an der Westfront und auf dem Balkan; Rückkehr nach Kriegsende in die Heimat; die hatte der Kaiser, ohne je den Soldaten an der Front Referenz erwiesen zu haben, abrupt verlassen; in ihr machten nun u.a. linksextreme Kräfte wie der „Spartakus" von sich reden und die Kriegsrückkehrer als für den Krieg mitverantwortlich.

Da zogen Heimkehrer ganz unterschiedliche Konsequenzen: Der Bruder meines Vaters, *Anton Kreuzer*, ebenfalls Kriegsfreiwilliger, blieb auf seinem

1. Der Vater und die NS-Vergangenheit

bayerisch-konservativ-katholischen Lebensweg, verweigerte sich der Nazi-Partei, blieb der katholischen Kirche trotz mancher Kritik an überholt erscheinenden Praktiken treu, konnte dennoch als Lehrer und Schulleiter wirken und wurde in höherem Alter Ehrenbürger von Mittenwald. Der Vater dagegen suchte nach einer Art „Rehabilitation", einer Wiederaufrichtung des „Deutschen Reichs"; an die Stelle der Monarchie und einer unstabilen Demokratie trat das Leitbild eines straff durchorganisierten, nationalistisch-patriotischen Führerstaats.

Solche Haltungen finden eine gewisse Parallele etwa in der Situation amerikanischer Soldaten, die nach einem an Gräueltaten und Guerillaaktivitäten reichen, zumindest nach und nach als völkerrechtlich illegitim erkannten Krieg aus Vietnam in die USA zurückkehrten. Von 1959 bis 1975 währte dieser längste Krieg neuerer Zeit mit 1,5 Millionen Todesopfern, 55.000 getöteten US-Soldaten. Viele demoralisierte Rückkehrer waren dankbar für Versprechen von Politikern wie *Goldwater* und *Reagan*, die Schmach des Krieges hinter sich zu lassen, Amerika wieder aufzurichten durch neuen Patriotismus.

Für mich gilt, möglichst nicht anderer Leute Haltungen in totalitären Systemen zu verwerfen, weil ich nicht weiß, wie ich mich selbst angesichts entsprechender Herausforderungen verhalten hätte. Jedoch ziehe ich eine „rote Linie": Entscheidend für die Bewertung ist, ob jemand trotz ideologischer Bindung an das NS- oder ein anderes autoritäres

I. Personen und Erfahrungen im familiären Bereich

Regime Handlungen verweigert, die konkret Menschen, zumal im eigenen familiären Bereich, existenziell gefährden. So hatte mein Vater seinem Bruder versichert, er würde niemals irgendeiner Stelle über die psychische Erkrankung einer nahen Verwandten berichten (Stichwort „Ahnen- oder Arier-Pass") und er sei ehelich treu. Leider hat mein ältester Bruder anhand einer Akte in der HJ (Hitler-Jugend) später feststellen können, dass dort eine entsprechende Mitteilung meines Vaters vorgelegen haben muss. Und er hatte den Vater in einer eindeutigen Situation des Ehebruchs erlebt. Daher habe ich mich spekulativ gefragt, ob und in welcherlei Aktivitäten sich der Vater als Psychiater und NSDAP- sowie SS-Mitglied wohl hätte einbinden lassen, wäre er nicht früh gestorben. Immerhin wusste meine Mutter von seinen regelmäßigen Treffen mit Kollegen gleicher politischer Ausrichtung zu berichten, in denen angeblich wissenschaftlich, tatsächlich jedoch über geheim Gehaltenes, möglicherweise Euthanasie-Vorhaben, debattiert worden sein soll.

2. Stiller Widerstand – die Mutter

Meine Mutter teilte das Schicksal vieler Frauen in Kriegs- und Nachkriegszeit, allein und in Armut Verantwortung für eine große Familie zu tragen. (Zu erinnern ist auch an die „Trümmer-Frauen" in zerbombten Großstädten.) Mit Geradlinigkeit und

2. Stiller Widerstand – die Mutter

Selbstdisziplin, zugleich einer gewissen Härte sich und den Kindern gegenüber bewältigte sie das. In stetem Konflikt mit dem eigenen Mann wegen ihrer moralischen und politischen, vom NS-Gedankengut abweichenden Haltung. Sie schilderte mir einmal diese Situation: Der Vater sei vom Nürnberger Parteitag („Mit *Luther* und *Hitler*") zurückgekommen und habe stolz berichtet, er habe des Führers Mantel halten dürfen; emotional überwältigt habe ihn der Blick in die Augen seines Idols. Darauf meine Mutter fragend: „Begeisterung für einen so ungebildeten Menschen, einen bloßen Postkartenmaler?" Indirekt war ihr, als sie mit mir schwanger und die Ehe bereits zerrüttet war, angedroht worden, man könne sie als geisteskrank einstufen und in eine Anstalt einweisen. Kennzeichnend für ihre Haltung auch ein Erlebnis in der Nachkriegszeit: Etwa 1952 suchte ein nach England emigrierter ehemaliger prominenter jüdischer Patient des Vaters meine Mutter in Hamburg auf; er wollte ihr danken, weil sie demonstrativ mit ihm weiter Kontakt gehalten und sich in der Öffentlichkeit gezeigt hatte, als mein Vater dem nach 1933 ergangenen Verbot für deutsche Ärzte gefolgt war, jüdische Personen zu behandeln; meine Mutter hatte dem Vater hingegen bedeutet, sie habe kein Verständnis dafür, einen Patienten einfach fallen zu lassen.

Allgemeiner ist zum Umgang von Ärzten mit jüdischen Patienten und jüdischen Kollegen anzumerken, dass sich bereits vor 1933 antisemitische Ten-

I. Personen und Erfahrungen im familiären Bereich

denzen zeigten, die nach *Hitlers* Machtergreifung in systematische Diskriminierungen „nicht-arischer" Personen mündeten. Schon 1933 setzten berufliche Ausgrenzungen, Gewalt gegen jüdische Geschäfte und Arztpraxen, Vertreibungen, Pogrome ein, nicht erst seit der „Reichskristallnacht" vom 7./8. November 1938 oder gar nach der Entscheidung zur systematischen Deportation und Vernichtung der europäischen jüdischen Bevölkerung in der „Wannsee-Konferenz" Anfang 1942. Schon Ende 1932 befand der später in Theresienstadt ermordete seinerzeitige sozialdemokratische Reichstagsabgeordnete *Julius Moses* in der Zeitschrift „Arbeiterwohlfahrt": „Man kann heute sagen, dass bei keinem anderen akademischen Beruf die nationalsozialistische Propaganda solche Erfolge erzielt hat wie gerade bei Ärzten." Die Dokumentation von *Leibfried* und *Tennstedt* (1979) weist nach, dass in der Tat die Ärzteschaft – verstärkt durch Zwangsmaßnahmen ihrer Standesorganisationen – stärker als alle vergleichbaren anderen Berufsgruppen die antisemitische Politik des NS-Regimes unterstützt hat.

In der NS-, gleichfalls in der Nachkriegszeit war meine Mutter wegen ihrer Haltung vielerlei Anfeindungen ausgesetzt: Früher die Abtrünnige, die sich dem NS-Zeitgeist widersetzte, später die „SS-Witwe" als die man sie gegenüber amerikanischen Stellen nach der Besetzung Bayerns, wohin wir wegen der Bombennächte in Hamburg 1940 evakuiert worden waren, verunglimpfte.

2. Stiller Widerstand – die Mutter

Vor Kriegsende war sie in Prien am Chiemsee in existenzielle Schwierigkeit geraten, weil sie meinem ältesten Bruder verboten hatte, zur Hitler-Jugend zu gehen; der HJ-Führer suchte sie 1944 auf und drohte ihr mit Entzug der Kinder und Lagereinweisung. Mir wurde übrigens von einer bei dem prekären Besuch anwesenden Verwandten später berichtet, ich hätte als Sechsjähriger auf die Frage des HJ-Mannes, ob ich wohl auch einmal dem Führer als Soldat dienen wolle, geantwortet, ich wäre lieber ein Mädchen, statt Soldat sein zu müssen – sicher ein Beispiel für die Prägung durch die Mutter. Auch hatte sie mich und die nächst jüngere Schwester als Kinder mehrmals mit Esswaren zu den in der Nähe unter strenger soldatischer Aufsicht Zwangsarbeit leistenden ausgemergelten russischen Kriegsgefangenen geschickt in der Erwartung, man werde trotz strengsten Kontaktverbots nicht auf Kinder schießen. Unmittelbar vor der Kapitulation setzte sie sich der Gefahr denunziert zu werden durch die heimliche Beherbergung eines Deserteurs aus; der hatte sich mit dem Militärflugzeug von der Ostfront abgesetzt, war in Prien auf dem kleinen Flughafen gelandet und hatte sich zu meiner Mutter durchgefragt, wozu ihm jemand geraten hatte, der um die Offenheit meiner Mutter wusste.

Viel später erfuhren wir, dass eine Frau *Heringer*, die mit ihrem Mann im Ort eine Schusterei betrieb, der Mutter bei Denunziationen Rückendeckung gegeben hatte; wieder eine Form „stillen Widerstands":

I. Personen und Erfahrungen im familiären Bereich

Diese Frau hielt informell steten Kontakt zu manchen Personen im Ort – ob mit oder ohne Parteibuch –, mit denen man anständige, wegen ihrer politischen Haltung gefährdete Mitbürger schützte.

Nach Kriegsende und amerikanischer Besetzung, die wir in der Familie als wahre Befreiung ersehnt und erlebt hatten, bekam meine Mutter nicht zuletzt wegen ihrer Englisch-Kenntnisse rasch Kontakt zu US-Soldaten, die bei uns nächtigten, wenn für sie die Überschreitung der Sperrstunde einen Zugang zur Militärherberge ausschloss, auch zu einem Geistlichen der US-Army, der von ihr Einblicke in Land und Leute gewann und sie als Vertrauensperson schätzte. Er stellte sich ebenfalls schützend vor sie, als ihr die NS-Vergangenheit des Ehemanns vorgeworfen wurde. Die mutige Haltung meiner Mutter wurde belohnt; sie wusste sich bis zum Tod in hohem Alter zuhause aufgehoben im Kreis von Kindern und Enkeln.

3. Ältester Bruder und die HJ

Hans, mein ältester Bruder, mit 95 Jahren 2022 verstorben, war von mir seit der Kindheit hoch geschätzt, geliebt, zeitweilig Vorbild, gab aber in seiner Jugend Rätsel auf über Einstellungen zum NS-System. Vor allem Ängste der Familie um einen möglichen Verrat politisch als defätistisch gewerteter Verhaltensweisen der Mutter und älteren Geschwister

3. Ältester Bruder und die HJ

an HJ-Vorgesetzte belasteten das Familienleben. Mit uns und seinen acht Kindern hat er später über die Erfahrungen jener Zeit zurückhaltend gesprochen. Erst in hohem Alter habe ich darüber mit ihm offen und intensiv reden können.

Für sein Engagement in der HJ hatte er bitter büßen müssen: Mit der ganzen HJ-Gruppe wurde er vor dem Abitur am Kriegsende noch zur Wehrmacht eingezogen; unausgebildet an die Front geworfen, wurde er, ohne je zu schießen, in Jugoslawien nahe Zagreb von Partisanen aufgegriffen und in ein Bergwerk zur Zwangsarbeit gesteckt. Er berichtete von mehrmaliger Todesnähe, wenn er etwa wegen Schwäche bei von Bewaffneten überwachten Märschen zusammenbrach oder sich in ein Gebüsch absetzte, aber entdeckt wurde; einmal habe ihn eine Einheimische vor den Schüssen eines Wachmannes bewahrt. Überhaupt sei die Zivilbevölkerung trotz Armut und Kriegsnöten freundlich zu den Gefangenen gewesen. Nach dreieinhalb Jahren kehrte er 1948 zurück. In Hamburg holte er den Schulabschluss nach und wurde Physiker und Geologe. Albtraumartig verfolgten ihn die Gefangenschafts-Erlebnisse vor allem wieder im Greisenalter.

Zu der für mich wesentlichen Frage, ob er uns seinerzeit wohl verraten hätte, wenn er von Vorgesetzten nach belastenden Erkenntnissen zuhause befragt worden wäre, nahm er ambivalent und sehr glaubhaft Stellung. Da er zeitlebens grundehrlich, zu Lügen nicht bereit war, überzeugte er mich: Als zu jeglicher Auskunft verpflichteter HJ-Junge hätte er pflichtgemäß über die Familie Belastendes berichtet, wäre er gezielt befragt worden; zugleich habe er jedoch empfunden, dass im System etwas „faul" sein müsse, wenn ein Jugendlicher in ein derartiges Dilemma getrieben würde, aus Gehorsam die eigene Familie verraten zu müssen. Seine Haltung war also skrupulös, zögerlich, nach möglichen Wegen aus dem Dilemma suchend.

4. Ein Onkel und die „Deutschen Christen"

In meiner weitverzweigten Großfamilie gab es Personen unterschiedlichster Haltungen in der NS- und Nachkriegszeit. Über einige mehr ließe sich beispielhaft berichten. Ich beschränke mich darauf, einen Onkel, Schwager meiner Mutter, zu erwähnen, weil der – nationalsozialistisch geprägt – bedeutende Funktionen im evangelischen Kirchenleben inne hatte, ich mit ihm selbst in der Nachkriegszeit öfter gesprochen und manches über ihn erfahren habe und weil Entscheidendes anhand von objektiven Quellen verifizierbar ist: *Dr. Christian Kinder*.

1925 begann der Onkel als Kirchenjurist – alsbald Konsistorialrat – den Dienst in der Evangelisch-Lutherischen Landeskirche Schleswig-Holstein. 1932 wurde er Mitglied der NSDAP und in dieser Zeit schon Förderer der Bewegung „Deutsche Christen" (DC), von 1933 bis 1935 sogar deren Reichsleiter

4. Ein Onkel und die „Deutschen Christen"

unter dem Reichsbischof *Müller*. Die DC wollten die Kirche nationalsozialistischen Zielen von Führerprinzip und rassistischem Antisemitismus anpassen. Sie verlangten bereits 1933, eine evangelische Reichskirche zu schaffen und in ihr den „Arierparagraphen" zu übernehmen, also kirchliche Ämter Christen „nicht arischer Abstammung" zu verweigern. Dem widersagte sich eine Gegenbewegung: Zunächst war es der „Pfarrernotbund" mit einem Drittel aller evangelischen Pfarrer; aus ihm entwickelte sich alsbald die „Bekennende Kirche" (BK), mit begründet von *Dietrich Bonhoeffer* und *Martin Niemöller*, die beide später verhaftet und in Gefängnisse und Konzentrationslager verbracht wurden; *Niemöller* überlebte im KZ Dachau, *Bonhoeffer* wurde im KZ Flossenbürg ermordet.

Stichworte zur weiteren Betätigung von *Kinder*: 1935 Rücktritt als Reichsleiter der DC; 1936 Präsident des Landeskirchenamts in Kiel und damit Stärkung der DC in dieser Kirche; 1939 in dieser Funktion Unterzeichnung der „Godesberger Erklärung" (in ihr beruft man sich fälschlich auf Luthers Lehre; u.a. ist die Rede von verbindlicher „artgemäßer nationalsozialistischer Weltanschauung" und: „Der christliche Glaube ist der unüberbrückbare Gegensatz zum Judentum."); 1939 zugleich Mitgründer des Instituts zur Erforschung und Beseitigung des jüdischen Einflusses auf deutsches kirchliches Leben; 1941 mit sechs anderen DC-Kirchenführern Unterzeichnung einer Erklärung, die jegliche Gemeinschaft mit Judenchristen zu unterbinden sucht („Eine deutsche Evangelische Kirche hat das religiöse Leben deutscher Volksgenossen zu pflegen und zu fördern. Rassejüdische Christen haben in ihr keinen Raum und kein Recht."); 1939 bis 1943 Dienst in der Wehrmacht, nach der Entlassung Kurator der Kieler Universität. Nach Kriegsende weigerten sich Kirche und Staat, ihn wieder einzustellen.

Die Bewertung seiner Haltung durch Historiker und Zeitgenossen ist uneinheitlich; manche von ihm in Entnazifizierungs- und Rehabilitationsverfahren benannte, der BK angehörende oder nahestehende Persönlichkeiten bescheinigten ihm, jedenfalls moderater agiert zu haben als andere Funktionäre und mithilfe seiner Verbindungen zu NS-Funktionären sogar einzelne Pfarrer vor Verfolgung beschützt zu haben.

Nach meiner Promotion 1965 ließ er mir durch meine Tante sein gerade veröffentlichtes Buch überbringen (*Kinder* 1964). Es erschien mir inhaltlich merkwürdig, ein Versuch, sich nachträglich zu rechtfertigen, belastende Fakten zu relativieren und später eher Opfer von Vorurteilen geworden zu sein, überwiegend eine Art Sammelsurium von „Persilscheinen", die er namentlich von seinerzeit schwer bedrängten Kirchenleuten der BK „ergatterte" im Blick auf diese oder jene seiner Aktivitäten, die früher mal einem gefährdeten Pfarrer geholfen oder zu einer weniger radikalen Formulierung in offiziellen Verlautbarungen beigetragen haben mögen. So

5. Exkurs: Ein Verwandter wertet Tagebücher aus

versuchte er zu dokumentieren, dass er mit einem namhaften Mitglied der Kirche, der den Judenstern trug, zusammen in ein Kirchenkonzert gegangen sei, obwohl dies offenkundig gegen die politischen Vorgaben verstieß; auch habe er eine Verordnung trotz heftiger Ablehnung örtlicher Parteistellen durch Hintergrundgespräche an höchster Stelle in Berlin und sogar im Einvernehmen mit Mitgliedern der BK durchgesetzt, die es den betroffenen 124 jüdischen Gemeindemitgliedern in Schleswig-Holstein ermöglichte, außerhalb der Landeskirche in einer gesonderten Gemeinde von einem jüdischen evangelischen Pfarrer betreut zu werden (*Kinder* a.a.O. S.118 ff).

5. Exkurs: Ein Verwandter der „vergessenen" oder „stillen Generation" wertet familiäre Tagebücher aus

Es gibt methodisch ganz unterschiedliche Wege, Zeitzeugen zu Wort kommen zu lassen, wenn man sich anschickt, nachfolgenden Generationen authentisch und durchaus auch emotional berührend Eindrücke von Krieg, Holocaust und Nazi-Terror zu vermitteln. So sind neben wissenschaftlichen Auswertungen von Zeitzeugnissen auch sehr individuelle Aufbereitungsformen zu finden. Um Beispiele zu nennen: *Steven Spielberg* initiierte im Zusammenhang mit seinem Film „Schindlers Liste" die „Survi-

I. Personen und Erfahrungen im familiären Bereich

vors of the Shoah Visual History Foundation" mit ihren weltweiten audiovisuellen Dokumentationen von Einzelschicksalen des Holocaust für Unterrichtszwecke; sein Anspruch war nicht ein literarisch-ästhetischer sondern darauf gerichtet, nachfolgende Generationen mit Vergangenem zu konfrontieren und sie lernen zu lassen anhand von Zeitzeugnissen Betroffener und Opfer. Andere verfolgten solche Ziele durch autobiografische Darstellungen ihrer Erfahrungen aus Familienschicksalen und als Opfer, um das Ungeheuerliche der Vergangenheit annäherungsweise festzuhalten, verstehbar und präventiv nutzbar zu machen; man denke an *Marcel Reich-Ranickis* „Mein Leben" (1999).

Walter Eckel, Ehemann der verstorbenen Schwester meiner Frau *Gisela,* zum Ende des NS-Regimes und Krieges erst 12-jährig und daher „unbelastet" von eigenen Verstrickungen und eher schon der „Vergessenen Generation" zuzurechnen, ging in hohem Alter einen kreativen Weg, Zeitzeugnisse festzuhalten. Man kann fragen, ob es überhaupt angemessen ist, Familienchroniken aus der Perspektive des „Tätervolkes" zu veröffentlichen. Ja, unbedingt! Insbesondere, wenn in derartigen Zeitzeugnissen der Alltag von Krieg und Nachkriegszeit anschaulich wird. Wenn damit zugleich gezeigt wird, dass mit „Tätervolk" keineswegs ausgedrückt werden soll, alle in diesem Volk seien der Täterseite zuzuordnen. Da stößt man auf ganz andere Wirklichkeiten als die, die uns etwa *Jonathan Goldhagen* zu generalisierend

5. Exkurs: Ein Verwandter wertet Tagebücher aus

in seinem an sich verdienstvollen Buch „Hitler´s Willing Executioners" (1997) als historisch belegt vorstellt. Man erkennt nämlich die Vielfalt von Haltungen, Einstellungen und Zwängen. Sie reicht von Tätern, willigen Gefolgsleuten, Nutznießern, Opportunisten über bloße Mitläufer und der Propaganda Erlegene, Aufrechte ohne Widerstandskraft, „stillen Widerständlern" bis zu offen Widerstand Leistenden. Leser können sich dann fragen: Wie hättest Du Dich in dieser Situation verhalten? Auf wen hättest Du dabei Rücksicht nehmen müssen? Welche Risiken einzugehen wärest Du bereit gewesen? Oder: Könnte das heute wieder geschehen?

Auch *Eckels* Buch erhebt keinen literarischen Anspruch. Aber es ist authentisch, berührt die Leserschaft, schildert das Grauen jener Zeit in der Heimat, an der Front, in Lagern. Man spürt die Allgegenwart von Angst, Verzweiflung, Misstrauen, Verrat, Zerstörung, Tod, andererseits von Hoffnung, Glauben, Nächstenliebe, ungeahnten Lebens- und Überlebenskräften. Diese Familienbiografie eines Alltags des Schreckens zwischen 1939 und 1947 verdankt man zwei Besonderheiten: Zum einen, dass Eltern und die vier Söhne es gewohnt waren, Erlebtes tagebuchartig nachzuzeichnen, sobald dazu Gelegenheit war. Zum anderen, dass der Autor – jüngstes Kind mit der „Gnade der späten Geburt" – alles gesammelt, nach dem Tod der Eltern und Geschwister wortlautgetreu zusammengefügt und der Öffentlichkeit so eine in vielerlei Hinsicht exemplarische Er-

I. Personen und Erfahrungen im familiären Bereich

fahrungswelt aus Nazi- und Nachkriegs-Deutschland nahegebracht hat.

Zu den Akteuren und Biografien des Buchs:

Die Eltern waren Sozialdemokraten, bemüht, ihre Kinder von *Hitlers* Organisationen fern zu halten. Gleich nach der NS-Machtübernahme 1933 wurde der Vater vom Produktionsleiter zum Lagerarbeiter degradiert. Er hatte sich der NSDAP verweigert. Im 1. Weltkrieg Soldat und Kriegsgefangener wurde er im 2. Krieg erneut eingezogen zur Verteidigung hinter der Front.

Heinz, Jahrgang 1920, nach Schulabschluss als Kupferschmied ausgebildet, hatte sich der Hitlerjugend entziehen können wegen schwerer körperlicher Berufsarbeit. 1942 zur Wehrmacht eingezogen wurde er an die Russland-Front verlegt. Schon nach wenigen Wochen erschütterte die Todesnachricht Eltern und Geschwister.

Erwin, 1923 geboren, war bereits als Kind kränklich. Er wurde Dachdecker. 1942 wurde auch er zur Wehrmacht eingezogen. Seine krankheitsbedingten Ausfälle beim Exerzieren brachten ihn in den Ruf eines Schwächlings. Er wurde anhaltend widerlich „geschliffen". Nach einem Selbsttötungsversuch gaben ihm nur ein mahnender Brief der Eltern und der Tod des Bruders die Kraft durchzuhalten. Schikanen und Lazarettaufenthalte wechselten einander ab. Unauffällig widersetzte er sich manchen Zumutungen. Wegen seiner technischen Fähigkeiten gelangte er in eine Spezialeinheit der Flugabwehr

5. Exkurs: Ein Verwandter wertet Tagebücher aus

und konnte so bis zur Kapitulation 1945 durchhalten. Von Tschechen am Kriegsende aufgegriffen sollte er mit anderen in einem Racheakt erschossen werden. Russische Soldaten griffen ein. Über mehrere Hungerlager gelangte er zur Zwangsarbeit in ein ukrainisches Kohlebergwerk als Kriegsgefangener. Karge Kost allenthalben. Menschen aus vielen Ländern, auch Russen, litten unter Hunger und Schwerstarbeit. Menschlichen und unmenschlichen Bewachern war man überantwortet. Gefangene wurden gegeneinander ausgespielt. Bekehrte „Antifaschisten" genossen Privilegien. Typhus- und Ruhr-Epidemien rafften viele dahin. Er kam in Lazarette. 1947 wurde er schwer krank entlassen. Auf dem langen Marsch in die Heimat wurde er überall von verzweifelten Menschen bedrängt, über den Verbleib vermisster Angehöriger zu berichten, fast durchweg vergeblich. Er konnte sich eine kleinbürgerliche Existenz aufbauen und starb 2008.

Günthers Biografie ist die interessanteste. Er wurde 1925 geboren und wird als „das schwarze Schaf" der Familie tituliert. Er war schulfaul, musste vorzeitig abgehen, widersetzte sich elterlicher Erziehung. So ging er zum „Jungvolk" und zur HJ. Dort verstand man es, Jugendliche für Abenteuer und Sport zu begeistern, ihnen angebliche Werte des Führerstaates zu vermitteln. Er kam in ein Wehrertüchtigungslager. Da er sich sportlich besonders bewährte, gehörte er zu jenen, von denen man Tapferkeit und unbedingten Einsatz erwarten konnte, die man für die

I. Personen und Erfahrungen im familiären Bereich

„Waffen-SS" als Eliteeinheit gewinnen wollte. Das Ansinnen lehnte er zunächst ab. Erheblich bedrängt unterzeichnete er schließlich als 17-Jähriger eine entsprechende Verpflichtung. Die Mutter wagte es, dies bei der örtlichen SS-Führung wegen fehlender Mündigkeit des Sohnes zu beanstanden. Vergeblich. Man unternahm nur wegen des Todes ihres ältesten Sohnes nichts gegen sie.

Günther erlebte das Elend des Kriegs an mehreren Fronten und in allen Dimensionen des Grauens. Etwa den unerbittlichen Kampf um Caen, dessen Inferno er verwundet als einer der wenigen Überlebenden entkam. Man entnimmt den Tagebüchern, dass amerikanische Bombardements der Stadt viele Tausend französischer Zivilisten töteten, ohne die wenigen geschützten Orte deutscher Befehlshaber zu treffen. Dass überhaupt Städte Flächenbombardements ausgesetzt wurden, damit nachrückende alliierte Truppen keine Verluste beim Einmarsch riskierten. Die Erfahrungen der gescheiterten Ardennenoffensive hatten ihn überzeugt, alle weiteren militärischen Offensiven seien sinnlos. Erst spät in seinem Leben gestand er dem jüngsten Bruder, dass er sich deswegen durch Tricks weiteren Einsätzen zu entziehen versucht hatte. So nutzte er Lazarettaufenthalte wegen eines Magenleidens, um später eine fortbestehende Erkrankung zu simulieren. Einem erneuten aussichtslosen Einsatz in der allerletzten von *Hitler* befohlenen Offensive an der Südostfront konnte er sich dennoch nicht verweigern. An ihr war seine

5. Exkurs: Ein Verwandter wertet Tagebücher aus

Division der Waffen-SS „Leibstandarte *Adolf Hitler*" beteiligt. Als russische Truppen diesen Angriff schon im Ansatz vereitelt hatten, entzog *Hitler* wütend den Überlebenden, auch *Günther,* das Recht, seinen Namen auf der Uniform zu führen. Mehrfach verwundet kehrte er zu seiner einstweilen aus dem zerstörten Hamburg nach Plauen evakuierten Familie zurück. Auch diese Stadt erlebte ein sinnloses Bombardement am Kriegsende.

Es schlossen sich erneute Lazarettbehandlungen an, nunmehr unter amerikanischer Befehlsgewalt. Ehemalige deutsche Soldaten wurden als „Disarmed Enemy Forces" zur Zwangsarbeit in Lager gebracht und dem Schutz der Genfer Kriegsgefangenenkonvention entzogen. Mit *Günther* waren es über drei Millionen. In den Lagern herrschten anfangs katastrophale Unterbringungs-, Ernährungs-, Hygiene- und Moral-Zustände. General *Eisenhower* hatte Besuche und Hilfen des Internationalen Roten Kreuzes abgelehnt. *Günther* wurde zeitweilig in besondere Lager für SS-Angehörige gesteckt. Nach Alter und Waffen-SS wurde nicht unterschieden. Sogar acht- und achtzig-Jährige gab es in solchen Straflagern. Die Häftlinge sollten zur Umschulung spüren, was KZ-Häftlinge erlebt hatten. Zu den schlimmsten Lagererfahrungen gehörten die in Heilbronn und Kornwestheim. Von systematischem Spießrutenlaufen, schwersten körperlichen Misshandlungen durch Bewachersoldaten und damit betraute deutsche Landser, stundenlangem Knien auf

35

I. Personen und Erfahrungen im familiären Bereich

Dreikanteisen, Essensentzug, Glatzenschnitt, Dunkelhaft oder nächtlicher Scheinwerferbestrahlung in Käfigen, Erschießungen und kollektiven Bestrafungen bei Fluchtversuchen, von Belohnungen für Denunziation, Wegnahme der Krücken Versehrter liest man in den Tagebüchern. Wieder wurden Lazarettaufenthalte wegen dabei erlittener schwerer Verletzungen nötig. Die Lager wurden bis Ende 1946 aufgelöst. Die meisten Gefangenen wurden nach Frankreich als Zwangsarbeiter überstellt oder wie *Günther* wegen Arbeitsunfähigkeit entlassen. Er wanderte nach Australien aus und starb 74-jährig.

Angesichts dieses Zeitzeugnisses kann man sich Fragen stellen etwa zu möglichen Kontinuitäten von Übergriffen, Verrohungen und Misshandlungen, ja Kriegsverbrechen in militärischen Einrichtungen gerade auch demokratischer, den Menschenrechten zugewandter Länder. Parallelen deuten sich an zwischen dem, was hier aufgezeichnet ist und was aus Abu Ghraib und Guantanamo berichtet wird. Verschleierte Kriegsverbrechen, Missachtung des Völkerrechts, Verwaltung von Haftlagern ohne sachkundige, verantwortungsvolle, kontrollierte Leitung, subkulturell entstehende Gewalt, folterähnlichen Umgang mit Verwahrten. Selbstverständlich war es damals eine Reaktion auf unermessliches Unrecht und Leid, von Deutschen über viele Millionen Menschen gebracht durch Pogrome, Holocaust und brutalen Eroberungskrieg. Und es gilt auch, dass man wie der Autor dieses Zeitzeugenberichts

5. Exkurs: Ein Verwandter wertet Tagebücher aus

selbst amerikanische Soldaten in Bayern als Befreier erlebt, dankbar „Care-Pakete" erhalten, vom *„Marschall*-Plan" profitiert hat und mit dem staatlich und gesellschaftlich reformierten Land in eine friedliche Völkergemeinschaft mit der Achtung von Menschenrechten aufgenommen worden ist.

II. Erfahrungen in der Schulzeit

1. Autoritäre Erziehung in einer bayerischen Volksschule

In Bayern waren wir als Evakuierte bei manchen Einheimischen auf Misstrauen gestoßen, besonders in der Volksschule, in die ich, gerade sechsjährig, im Herbst 1944 kam. Drei Vorbehalte artikulierten sich gelegentlich: „Zuagroast, Saubreiß, empfangelisch".

Das änderte sich merklich 1945, als Millionen Flüchtlinge aus Schlesien und dem Sudetenland kamen. Sie wurden zwangs-einquartiert. In unserer Klasse wirkte sich das auch dadurch aus, dass bald ein evangelischer Mitschüler hinzukam, später ein liberaler evangelischer Lehrer aus Schlesien. Es war wohltuend. Übrigens haben in den folgenden Jahrzehnten tüchtige Flüchtlinge einen Großteil der Grundstücke, des mittelständischen Handels und der Tourismus-Branche in dem Ort und Land übernommen und innovativ neu gestaltet. Man verdankt ihnen einen wesentlichen Beitrag zur Modernisierung. Das zeigt zugleich, wie sehr Migrationen und Flüchtlingsströme bei gelingender Integration zu gesellschaftlichem Wohlergehen und manch wünschenswerter Innovation beitragen können.

II. Erfahrungen in der Schulzeit

Das schulische Erziehungssystem war straff konservativ-autoritär gestaltet: Hiebe auf Hände oder Gesäß mit Tatzenstöcken, Kopfnuss, Strafknien am Katheder, Aufstehen, wenn Lehrer den Raum betraten, Sich-Melden nur nach vorherigem Heben des Zeigefingers in Richtung des eigenen Gesichts, Sitzen in Zweierbänken, Sport lediglich durch gymnastische Übungen neben dem Sitzplatz usw.

Eine gesonderte Betrachtung verdient die übliche und auch von mir erlebte Prügelstrafe oder „körperliche Züchtigung". Sie gab es zwar zu allen Zeiten und ganz unterschiedlich gerechtfertigt: Religiös, politisch, pädagogisch. Sie wird heute sogar noch in vielen Staaten insbesondere im Orient und mancherorts in den USA zugelassen, dort unterstützt namentlich von Evangelikalen. Bei uns wurde sie erst 2000 gesetzlich und vollständig in § 1631 BGB beseitigt durch ein Recht des Kindes auf gewaltfreie Erziehung; das entsprach den Empfehlungen der von der Regierung eingesetzten „Antigewalt-Kommission", in der ich mitgewirkt hatte. Faktisch, teils rechtlich war Prügelstrafe aber schon in den 60er Jahren überwunden. Doch postulierte immerhin noch 1979 das Bayerische Oberste Landesgericht ein gewohnheitsrechtliches Züchtungsrecht von Volksschullehrkräften. Dass einem schulischen Züchtigungsrecht im Nationalsozialismus zentrale Bedeutung zugekommen war, versteht sich schon von selbst, war es doch ein wichtiges Instrument in der Erziehung junger Menschen zu tapferen, einsatzbereiten Gefolgs-

1. Autoritäre Erziehung in einer bayerischen Volksschule

leuten des Führers. Freilich wurde es nicht durchweg praktiziert, beispielsweise nicht von dem erwähnten schlesischen Lehrer in Bayern und später nicht in der Hamburger Schulzeit.

Zunächst hatte ich es mit einer erzkonservativen, katholischen, zugleich Führer-ergebenen Lehrerin zu tun: *Theresia Oberprieler*. Erwähnt seien drei erinnerte bezeichnende Begebenheiten:

- Vor Unterrichtsbeginn wurden, am Klavier begleitet, ein „Ave Maria" gesungen, ein Vater Unser, abschließend für den „Führer und Endsieg" gebetet.
- Bei einem Wandertag suchten wir von Flugzeugen der Alliierten entstandene Trichterfelder nahe Autobahn und Bahnlinie München-Salzburg auf; die Lehrerin erklärte uns, amerikanische Tiefflieger seien offenbar unfähig, mit ihren Bomben die Verkehrsadern zu treffen; später wurde indes offenbar, dass den militärischen Geheimdiensten bekannt gewordene unterirdische Lager für Waffen, Dokumente u.a. gezielt vernichtet worden waren.
- Nach Kriegsende suchten wir Wege, zusätzlich dringend benötigte Nahrungsmittel zu beschaffen; Tuberkulose begann sich auszubreiten; im Familienkreis hatten wir sogar darüber gesprochen, was wir wohl tun würden, wenn ein Kind aus der Geschwisterreihe wegen Hungers sterben würde, ob wir ihm dann in den Tod folgen sollten; zu den Lebenserhaltungs-Strategien gehörte es etwa, nicht nur Kräuter und Holz für die Heizung

II. Erfahrungen in der Schulzeit

sowie Getreidereste von Stoppelfeldern, sondern auch Zigarettenstummel zu sammeln, die US-Soldaten wegwarfen und die – neu zusammengesetzt – wertvolles Tauschgut waren, Müllabfälle nach möglichem Schweinefutter zu durchwühlen, um mit dem Gesammelten bei einem Bauernhof als Gegenleistung Eier zu ergattern, vor allem fast täglich an der Kasernenkantine amerikanischer Soldaten von deutschen Bediensteten Essensreste zu erstehen (Fettpapier, Kaffeesatz, Nudel- und Suppenreste), wozu man sich mit Töpfen einreihte in die Schar Bedürftiger – man nannte es das „Anstehen". Einmal kam die Lehrerin verärgert in die Klasse und sagte, sie habe Schüler, sogar einen aus dieser Klasse, gesehen, die sich nicht schämten, „beim Feind zu betteln".

2. Schul-Reformitis in Hamburg

Seit Herbst 1948 besuchte ich – mit der Familie nach Hamburg zurückgekehrt – dort nochmals die vierte Grundschulklasse, weil ich wegen des abweichenden Schuljahreswechsels im Frühjahr noch nicht das damals mit der fünften Klasse beginnende Gymnasium besuchen konnte. Bezeichnend für die Kurswende nach dem Krieg allgemein und für eine ziemlich naive ideologische Reformbeflissenheit waren meine Erlebnisse der zwei Schuljahre im gerade verordneten sechsjährigen Grundschulsystem; damalige sozialdemokratische Bildungspolitiker wollten sich angelsächsischen Vorbildern annähern und damit gleichzeitig nationalsozialistische Relikte im Bildungswesen beseitigen sowie gleiche Bildung für alle verwirklichen:

Die Schulreformen des Senators *Landahl* waren Versuche an Menschen. Ohne wissenschaftliche Vorbereitung und Begleitung, ohne vorherige entsprechende Lehrerfortbildung wurde ein System nach dem anderen verordnet, und zwar großflächig für ganz Hamburg. Bestreben dieser Reformen waren insgesamt wohl nachvollziehbare Ziele gleicher Bildung für alle und antiautoritärer Erziehung. So erlebte ich während der zwei Jahre drei verschiedene Modelle mit dilettantischer Umsetzung. Zuerst kam ich in eine noch während des Eintritts eines Lehrers lärmende Klasse von Jungen und Mädchen; die Zweierbänke waren in die Gymnasien verbracht und in den Grundschulen vollständig durch rechteckige Zweier-Tische und metallenes, Lärm verursachendes Rohrgestühl ersetzt worden. Da Englisch als Fremdsprache für alle vorgeschrieben wurde, betraute man Lehrer von Gymnasien mit zeitweiligem Sprachunterricht an Grundschulen. Später musste im Gymnasium der Englisch-Unterricht von vorn beginnen, weil sich der vorherige Unterricht als unergiebig erwiesen hatte. Noch im selben Jahr wurde der Frontalunterricht ersetzt durch Gruppenarbeit. Dafür wurde erneut das gesamte Gestühl ausgewechselt für quadratische Sperrholztische mit Drehstühlen; es

II. Erfahrungen in der Schulzeit

sollte Gruppenarbeit und bei Bedarf ermöglichen, sich zum Lehrer zu wenden. In der folgenden Klasse wurde das System nochmals gewechselt: Kompensationsunterricht war das Zauberwort. Statt des bisherigen Gestühls gab es nun feste Stühle an rechteckigen Tischen, die in Hufeisenform aufgestellt waren: rechts die Reihe der nach Ergebnissen von Klassenarbeiten als Beste in die A-Gruppe Eingeteilten, links die C-Gruppe der am schlechtesten Benoteten, in der Mitte die auch so eingestufte B-Gruppe. Zwei Stunden täglich hatte die A-Gruppe die C-Gruppe kompensatorisch zu fördern, während die B-Gruppe weitgehend sich selbst beschäftigen konnte. Ein neues Element des Arbeitens war außerdem der mehrere Stunden täglich angesetzte, auf ein einziges, halbjährlich wechselndes, auf ein mit der Klasse abgestimmtes Thema fokussierte „Gesamtunterricht"; bei uns waren es die Themen „Kohle" und „Kautschuk". Bloß verbal wurden schließlich die Übergänge in weiterführende Schulen reformiert: Gleichheit zwischen den drei bisherigen Schulzweigen sollte durch die Bezeichnungen „praktische", „technische" und „wissenschaftliche Oberschule" bewirkt werden.

Solche Erfahrungen naiven ideologischen Reformierens lehrten mich, nur zu befürworten, was sich wissenschaftlich und in kleinen Versuchen auch praktisch als Verbesserung des Überkommenen erweist.

Nota bene: Weder in reformierten noch traditionell gestalteten Grundschulen oder Gymnasien wa-

2. Schul-Reformitis in Hamburg

ren in den ersten Nachkriegsjahrzehnten je Unterrichtseinheiten eingeplant, die sich dezidiert mit NS-Zeit und Judenpogromen befassten; selbst im Geschichtsunterricht blieb diese geschichtliche Phase fast gänzlich ausgespart. Lediglich ein Versuch eines Geschichtslehrers in der gymnasialen Oberstufe ist mir erinnerlich, uns Wissen zu verschaffen über das entsetzliche Geschehen von Gewaltregime, Angriffskrieg, Antisemitismus und Holocaust. Aus einer früh publizierten Dokumentation über KZ´s las der Lehrer Passagen mit Darstellungen von Zeitzeugen und vor allem überlebenden Opfern vor. Ein Mitschüler wehrte sich dagegen und griff auf mitunter geäußerte Zweifel an der Echtheit, Authentizität oder Glaubwürdigkeit solcher Zeitzeugnisse zurück. Daraufhin rügte der Lehrer diese Äußerung als bewusst falsche Bewertung von NS-Unrecht, die dem Schüler wohl von seinen Eltern vermittelt worden sei. Der Klassenkamerad zog sich in ein Schneckenhaus zurück. Die Lesung aus erschütternden Zeitzeugenberichten nahm sich für manche als emotional überfallartig aus. Manche Mitschüler erlebten es als Versuch, einen Keil zwischen Eltern und Kinder zu treiben. Es mangelte einfach an pädagogischem Geschick, das als unfassbar erscheinende, historisch jedoch belegte Geschehen begreiflich zu machen, Aufgeschlossenheit zu erwecken, sich mit der Vergangenheit zu befassen und sich auch auseinanderzusetzen mit möglichem Fehlen innerfamiliären Gesprächs über die Vergangenheit. Dafür hätte es spezifischer didak-

II. Erfahrungen in der Schulzeit

tischer Ausbildung von Lehrkräften bedurft. Lehrerbildungsstätten sahen das aber noch nicht vor.

III. Eindrücke vom Umgang mit der Vergangenheit in der Studienzeit

An der Hamburger Rechtsfakultät hatte ich es fast durchweg mit Professoren zu tun, die in der NS-Zeit belastet waren durch Parteizugehörigkeit und zumindest entsprechend wissenschaftlich-ideologisch ausgerichtete Lehr- und Forschungstätigkeit. Über diese Phase schwiegen sie.

Beredtes Schweigen bekundete hingegen der Kieler Strafrechtsprofessor *Georg Dahm* – Mitstreiter der „Kieler Schule" zur NS-Erneuerung des Rechts allgemein und Strafrechts im Besonderen. 1963 schrieb er in seinem überarbeiteten, 1944 erstmals verfassten, nun von diskreditierenden Passagen befreiten Lehrbuch des Deutschen Rechts: „Über den Nationalsozialismus zu sprechen ist es noch nicht an der Zeit...Maßloser Überschätzung ist maßlose Verwerfung und Herabsetzung gefolgt"; er schreibe nicht über jene Zeit, weil er für befangen gehalten werden könne; der nächsten Generation stehe aber mangels Sachkenntnis kein Urteil zu (*Dahm*, 1963 S. 268).

Die Bücher unserer Professoren aus der NS-Zeit waren nicht greifbar, allenfalls in „Giftschränken" der Bibliothek verborgen. Der Vorlesungskanon

III. Eindrücke vom Umgang mit der Vergangenheit

sparte jene Periode systematisch aus. So endete die „Verfassungsgeschichte der Neuzeit" bei der Weimarer Zeit; das „Verfassungsrecht" setzte erst wieder mit dem Grundgesetz 1949 ein.

Im Folgenden nun einige Episoden aus meiner Studienzeit, die Schlaglichter werfen auf geschichtliches Verdrängen und mangelnde Sensibilität im Umgang mit dem NS-Regime und seinen Opfern:

1. Festschrift für den NS-„Kronjuristen" Carl Schmitt

1959 erschien eine Festschrift für *Carl Schmitt*, herausgegeben von zweien seiner zahlreichen Schüler: *Ernst Forsthoff* und *Werner Weber*. Das erweckte meine Neugier, zumal ich irgendwo zuvor Kritisches über den als „Kronjurist des Dritten Reichs" Titulierten gehört hatte. *Schmitt*, zweifellos ein brillanter Denker, galt als bedeutendster Rechtstheoretiker des „Dritten Reichs", Vertreter des Freund-Feind-Denkens und vehementer Antisemit. In der Bibliothek der Fakultät fand ich keines seiner Bücher aus jener Zeit. Aber er hatte zwei wesentliche Rechtszeitschriften mit betreut: Das „Deutsche Recht" (DR), Zentralorgan des NS-Rechtswahrerbundes, herausgegeben von dem 1946 im Nürnberger Hauptkriegsverbrecher-Prozess verurteilten und hingerichteten *Hans Frank*, außerdem die „Deutsche Juristenzeitung", deren Herausgabe der Verleger *Beck* auf Rat von *Frank Carl Schmitt* übertragen hatte, um

1. Festschrift für den NS-„Kronjuristen" Carl Schmitt

dem Fachorgan „eine der neuen Zeit entsprechende Grundlage" (so *Schmitt* selbst) zu geben. Beide Fachorgane waren in der Bibliothek einsehbar. Im DR fand ich u.a. *Schmitts* Beitrag über die „Notwendigkeit der Entjudung Deutscher Rechtsbibliotheken". Daraus zitierte ich unsäglich antisemitische Passagen in einem kritischen Beitrag für eine Studentenzeitung – allerdings anonym verfasst, weil ich sonst nachteilige Auswirkungen im Staatsexamen hätte befürchten müssen. Meine Kritik richtete sich nicht gegen eine Festschrift an sich, vielmehr dagegen, dass mit keinem Wort auf das Wirken des Geehrten in der Nazizeit eingegangen worden war.

Nach dem Krieg war er einziger bekannter Rechtswissenschaftler, dem eine erneute Berufung auf eine Professur versagt wurde. Plettenberg, wohin er sich zurückzog, wurde zum Wallfahrtsort so mancher prominenter Intellektueller. Kritischer Auseinandersetzung mit der Vergangenheit entzog er sich. Als sein wichtigster Schüler, *Ernst-Rudolf Huber*, der selbst versucht hatte, dem Führerstaat eine Art verfassungsrechtlicher Strukturierung zu geben (1937), aufgrund der Dokumente der Nürnberger Prozesse ein Gespräch mit *Schmitt* suchte, um gemeinsam frühere Einstellungen zu überprüfen, sah *Schmitt* darin einen Angriff auf seine Person und ließ die freundschaftliche Beziehung einschlafen (*Gessler 2016*).

Erst *Bernd Rüthers* (1989) hat sich kritisch eingehend mit *Carl Schmitts* Vergangenheit auseinandergesetzt. Dessen Selbst-Rechtfertigung in der Nach-

III. Eindrücke vom Umgang mit der Vergangenheit

kriegszeit, er habe sich recht bald dem Regime verweigert, hielt *Rüthers* entgegen, das zunächst gezeigte erhebliche Engagement für die NS-Rechtslehre habe erst nachgelassen, als die SS seine Ernennung zum Reichsjustizminister im Blick auf seinen Katholizismus verhindert habe. Schon in der Weimarer Zeit habe *Schmitt* wie die meisten anderen nicht wirklich die Demokratie gewollt und gestützt, vielmehr das Ideal eines Staats nach dem Strukturmodell der römisch-päpstlichen Kirche vor Augen gehabt, also ein dem Führerprinzip nahes autoritäres Modell. So hatte er sich auch bereits in den zwanziger Jahren fasziniert gezeigt vom italienischen Faschismus. Und trotz Verlusts der Parteiämter ist er nach 1936, protegiert durch *Hermann Göring,* Preußischer Staatsrat geblieben und hat an der Reichsuniversität Straßburg gelehrt.

2. Alte Lehre in neuer Verpackung: Herbert Krüger

Erst später ist mir bewusst geworden, dass unsere akademischen Lehrer ihr Gedankengut aus der NS-Zeit nicht durchweg verworfen, sondern mitunter in neue Begriffe und Rechtsfiguren verpackt haben.

Als erstes Beispiel sei ein von mir anfangs hoch geschätzter Hamburger Professor, der Staatstheoretiker *Herbert Krüger,* erwähnt. Seine Definition des Staates als „geistiges und vergeistigtes Sein an sich" in der Vorlesung „Staatslehre" regte mich zu Reflexionen

2. Alte Lehre in neuer Verpackung: Herbert Krüger

über Abstraktheit und Konkretisierung des Staates an. Doch bei der Lektüre seines Grundlagenwerks (*Krüger* 1964) wurden meine Zweifel an der Überhöhung des Begriffs wach. Ich fand, sein Staatsverständnis vereinnahme die Bürger und Grundrechtsträger. Da wird die Staatsgewalt begriffen „als die General- und Blankovollmacht des Staates, sich nach eigenem Gutdünken mit allen Mitteln versehen zu dürfen, deren es zur Auseinandersetzung mit eingetretenen oder drohenden Lagen bedarf" (*Krüger* S. 818). Zum Schluss heißt es, „die Leistung von Gehorsam gegenüber dem Staat" sei „als die höchste irdische Selbsterfüllung der Menschenwürde" anzusehen, „so dass die Persönlichkeit in dieser Welt sich in der Tat erst im und durch den Staat erfüllt" (*Krüger* S. 989). Heute meine ich, darin ein Wiederbeleben des „totalen Staats" zu erkennen, wie ihn etwa *Forsthoff* in der NS-Zeit zu strukturieren versucht hat, nunmehr jedoch ohne „Führer"; *Forsthoffs* Abhandlung zum Staat zeugte in erster Auflage (1933) noch von gewissen Vorbehalten gegenüber der NS-Ideologie, die er jedoch sogleich in zweiter Auflage (1934) hat fallen lassen. Indirekt wird *Krügers* Bezug zum totalitären Staatsdenken bestätigt, indem er auf ein 35-jähriges Bemühen um den Sinn vom „Sein des Staates" hinweist, also das Denken in der NS-Zeit einschließt (*Krüger* S. V). Sein Staatsverständnis beachtet zwar das Prinzip der Nichtidentifikation mit einer Religion oder Weltanschauung, macht indes den Staat zum Höchsten anstelle eines Gottes, dem

III. Eindrücke vom Umgang mit der Vergangenheit

man Ehrfurcht zu zollen hat; er dient nicht den Bürgern; sie haben ihm zu dienen. Das schließt demokratisches Mitgestalten, Verändern eigentlich aus.

3. *Kontinuität von fragwürdigen Strafrechtslehren*: Edmund Mezger

Weiteres Beispiel ist der Strafrechts-Professor *Edmund Mezger*. Er war zwar nicht mein Lehrer, doch Verfasser des weitest verbreiteten Kurzlehrbuchs zum Strafrecht der frühen Nachkriegszeit – einer überarbeiteten Fassung seines Lehrbuchs aus der NS-Zeit –, vor allem auch des einzigen während meines Studiums verfügbaren Einführungslehrbuchs der Kriminologie (*Mezger* 1933, 1951). *Munoz Conde* (2007) verdanken wir die Analyse der Entwicklung und Kontinuität von *Mezgers* Lehren seit der Weimarer über die Nazi- bis in die Nachkriegszeit.

Sein „vorauseilender Gehorsam" im neuen Verständnis von Strafrecht und Kriminalpolitik demonstrieren diese Forderungen: Es müsse ein rassisch ausgerichtetes Feindstrafrecht geben (1933) und (1936): „Kein Richter der Zukunft kann sich auf den Wortlaut des Gesetzes berufen, um damit im Blick auf die gesunde Volksanschauung unvernünftige Ergebnisse zu rechtfertigen." Entsprechend rechtfertigte er den bis dahin und heute wieder verbotenen Analogieschluss im Strafrecht; strafbar sei nicht was gesetzlich als strafbar definiert sei, vielmehr, was

3. Kontinuität von fragwürdigen Strafrechtslehren

nach gesundem Volksempfinden oder Führerwillen Strafe verdiene. Er wirkte vor Kriegsende noch aktiv für *Himmler* mit am Entwurf eines Sondergesetzes gegen „Gemeinschaftsfremde", wozu man auch „Schmarotzer", „Taugenichtse", „Versager", „Arbeitsscheue" und Homosexuelle zählte (Nachweise bei *Munoz Conde* 2007).

Mezgers kriminologische Lehren knüpften an schon seit Ende des 19. Jahrhunderts vorherrschende kriminalbiologische Theorien und die heute als irrig erkannten Lehren *Lombrosos* vom „geborenen Verbrecher" an. Noch in der Nachkriegszeit vertrat er eine Tätertypenlehre, die er in der NS-Zeit modifiziert hatte durch völkisch-rassistisch-antisemitische Kriterien. So hatte er in seiner „Kriminalpolitik" (*Mezger* 1944 S. 26) „rassehygienische Maßnahmen zur Ausrottung krimineller Stämme", die „Ausmerzung volks- und rasseschädlicher Teile der Bevölkerung" gefordert. Im Sinne dieser Lehre und zur Vorbereitung der Arbeit am Sondergesetz gegen „Gemeinschaftsfremde" waren ihm antragsgemäß von Beauftragten *Himmlers* Besuche im KZ Dachau ermöglicht worden; dort wollte er Anschauungsmaterial gewinnen über „gewisse Menschentypen"; so wurden ihm „benötigte Häftlinge bereitgestellt".

Im Entnazifizierungsverfahren zunächst als „Belasteter" wurde er später wie viele andere als bloßer „Mitläufer" eingestuft und durfte schon 1948 seinen Münchener Lehrstuhl wieder wahrnehmen. Mehr noch: Als Präsident der Kriminalbiologischen

Gesellschaft hielt er 1951 eine Eröffnungsrede zur „Geschichte der Kriminologie", ohne auf den Exodus deutscher Kriminologen 1933 vor allem in angelsächsische Länder oder gar auf seine Rolle als Kriminalwissenschaftler in der NS-Zeit einzugehen. Obendrein wirkte er sogar als stellvertretender Vorsitzender in der vom Bundesjustizminister 1954 berufenen Großen Strafrechtskommission zur Erarbeitung eines neuen Strafgesetzes mit – welch Ironie der Geschichte! Ein Jahrzehnt zuvor noch als Experte, Berater für eine rassistische NS-Strafgesetzgebung tätig, nun als Experte für eine menschenrechtsorientierte Strafgesetzgebung in der neu entstandenen Bundesrepublik Deutschland. 1953 wurde ihm eine Festschrift zum 70. Geburtstag gewidmet, ohne seine NS-Vergangenheit zu erwähnen – wie bei *Carl Schmitt.*

Bleibt zu ergänzen, dass die 1951 wieder gegründete Kriminalbiologische Gesellschaft und die seinerzeitige Wissenschaftsdisziplin Kriminologie zentral die Täterpersönlichkeit im Blick hatten, deswegen traditionell von Rechtswissenschaft, Psychiatrie und Psychologie dominiert waren. Erst in den sechziger Jahren wendete sich der wissenschaftliche Fokus zur Kriminalsoziologie, zur „kritischen Kriminologie", zu Kriminalitätskontrolle und „kriminellen Karrieren"; die neue Richtung fand eine extreme Gegenposition zu jenen täterorientierten Betrachtungen; sie verpflichtete sich dem einseitig verstandenen kriminalsoziologischen „Labeling Approach", der Kriminalität zentral als gesellschaftliche Konstruktion und selektive Zuschreibung verstand. Mit der Mehrheit von Forschern erachtete ich dagegen die kriminalsoziologische als eine wichtige, unentbehrliche zusätzliche Betrachtung, die Persönlichkeitseinflüsse und biologisch-psychologisch-psychiatrische Ansätze keineswegs ausschloss. Diesem komplexeren Verständnis entsprechend wurde 1959 die von den Bezugswissenschaften aus gesehen umfassendere „Deutsche Kriminologische Gesellschaft" (seit 2007 „Kriminologische Gesellschaft") gegründet.

4. Fehlende Auseinandersetzung mit den Nürnberger Prozessen

Ein großes Manko seinerzeitiger Juristenausbildung war überdies eine fehlende Auseinandersetzung mit den Nürnberger Prozessen gegen die Hauptkriegsverbrecher vor dem Internationalen Gerichtshof 1945-1949 (statt vieler: *Darnstädt* 2015) und den Nachfolgeverfahren, darunter vor allem dem dritten: Juristenprozess gegen ehemalige hohe Justizbeamte und Richter vor einem amerikanischen Militärgericht 1947 (*Peschel-Gutzeit* 1996). Weder Fachschrifttum noch akademische Lehre widmeten sich dezidiert diesen in ihrer Bedeutung für Völkerrecht, deutsche Geschichte, rechts- und kriminalwissenschaftliche „Aufklärung" kaum zu überschätzenden Verfahren bis in die siebziger Jahre.

III. Eindrücke vom Umgang mit der Vergangenheit

Wenn überhaupt, wurde auf sie schlagwortartig, kritisch-polemisch eingegangen. Haupteinwände waren: Es sei „Sieger- und Vergeltungsjustiz" gewesen; zentral angeklagte Delikte wie „Kriegsverbrechen" und „Verbrechen gegen die Menschlichkeit" seien auf zur Tatzeit noch nicht geltende Strafrechtsnormen gestützt worden, hätten also die Rechtsgrundsätze des „nullum crimen, nulla poena sine lege" missachtet.

Zwar muss man einräumen, dass viele völkerstrafrechtliche Einzelfragen noch ungeklärt sind. Dennoch kann man – etwas pauschal bewertet – keine durchschlagenden, jene Prozesse delegitimierenden Argumente erkennen. Und die „Nürnberger Prinzipien" sind als anzuwendende Grundsätze in das Kriegsvölkerrecht, beispielsweise in das Londoner Statut, eingegangen.

Zu den Haupteinwänden:

- Dem Vorwurf der „Siegerjustiz" ist die rhetorische Frage des Historikers *Golo Mann* (1966 S. 972) entgegen zu halten, wer denn sonst den Prozess hätte führen sollen. Es gab noch keinen internationalen Gerichtshof. Wer anders als Staaten, die den deutschen Angriffskrieg beendet hatten, hätte die zwingend notwendigen Verfahren gegen Hauptverantwortliche des völkerrechtswidrigen, unsäglich brutalen und menschenverachtenden Kriegs samt Holocaust politisch durchsetzen und praktisch umsetzen können? Selbst wenn es unver-

4. Fehlende Auseinandersetzung mit den Prozessen

züglich ein deutsches Gerichtsverfahren gegeben hätte, wären durchweg befangene Gerichte damit befasst worden; der Umgang mit NS-Verbrechen vor deutschen Gerichten später beweist es zur Genüge. Zudem wäre Angeklagten und Opfern vor einem deutschen Gericht eher weniger Fairness im Verfahren zuteil geworden als in Nürnberg. Man denke nur daran, dass „furchtbare Juristen" (*Ingo Müller* 1987) vom BGH freigesprochen worden sind, weil ihnen kein Vorsatz zur Rechtsbeugung nachzuweisen gewesen sei, dass für Zehntausende Todesurteile von Volksgerichtshof, Sonder- und Kriegsgerichten kein einziger Richter bestraft worden ist.

Dafür, dass die deutsche Justiz der Nachkriegszeit nicht bereit und in der Lage gewesen wäre, angemessen mit vergangenem Unrecht umzugehen, mag beispielhaft der symbolische Umgang mit in NS-Unrecht verwickelten Kollegen der eigenen Zunft erwähnt werden: Ein eher von Selbstgerechtigkeit, Blindheit für Verstrickungen höchster Gerichte in die NS-Rechtsprechung, dem Gegenteil verantwortungsvoller, zukunftsgerichteter Erinnerungskultur zeugendes Werk ist eine noch heute im Karlsruher Gebäude des Bundesgerichtshofs zu betrachtende Skulptur; die Erinnerungstafel war im Auftrag des damaligen Gerichtspräsidenten *Hermann Weinkauff* von dem Grafiker und ehemaligen NS-Propagandisten *Bogislav Groos* ge-

III. Eindrücke vom Umgang mit der Vergangenheit

schaffen und 1957 aufgestellt worden; sie galt dem Gedenken an 34 Angehörige des Leipziger Reichsgerichts, die in sowjetischer Haft 1945 als sog. „Speziallagerhäftlinge" ohne Gerichtsverfahren interniert und alsbald ums Leben gekommen waren. Die Betreiber der Ehrung waren selbst am Reichsgericht tätig und erachteten die zu Ehrenden als unschuldige Kriegsopfer, als Widerstandskämpfer, dies, obwohl sich das Reichsgericht als Hüter völkisch-rassistischen Rechts begriffen hatte und eine neue Studie nachweist, dass auch die betroffenen Richter an entsprechenden Entscheidungen beteiligt waren (*Limperg* 2023; dazu *Weinke* 2023).

- Dem Einwand des Verstoßes gegen das strafrechtliche Rückwirkungsverbot ist differenzierter zu begegnen. War „Verbrechen gegen die Menschlichkeit" erst einem späteren Kontrollratsgesetz entnommen? Verbrecherisch ist indes nicht nur die unmittelbare Tötung eines anderen. Dem Wesen des „Schreibtischtäters" ist es eigen, nicht selbst Hand anzulegen und Regimegegner zu ermorden. Dazu das Nürnberger Urteil: „Die Preisgabe des Rechtssystems eines Staates zur Erreichung verbrecherischer Ziele untergräbt dieses mehr als ausgesprochene Gräueltaten, welche den Talar des Richters nicht besudeln." Mitwirkung am Systemunrecht ist eben auf einer höheren Verantwortungsebene angesiedelt; es ist mehr als die konkrete verbrecherische Ausführung solchen

Systemunrechts. Und zum Rückwirkungsverbot braucht man gar nicht erst auf die Formel *Gustav Radbruchs* zurückzugreifen, wonach gesetztes Unrecht übergesetzlichem Recht bei offenkundigem Widerspruch zu weichen habe. Völkerrechtliche Verbote von Kriegs- und Verbrechen gegen die Menschlichkeit lassen sich als System- und Zeitübergreifend verstehen. Das Rückwirkungsverbot greift da nicht. Freilich ist einzuräumen, dass viele dies anders beurteilen. Sogar die liberal denkende Publizistin *Marion Gräfin Dönhoff* – selbst während der Hitler-Zeit mit Personen des Widerstands in Verbindung – befand in der ZEIT 1950: „Nürnberg war falsch"; es seien neue Straftatbestände geschaffen und rückwirkend allein für Verantwortliche in Deutschland angewandt worden (*Dönhoff* 1950, 2023).

5. *Umgang mit dem jüdischen Remigranten* Richard Honig *1964*

Ein Erlebnis in meiner Doktorandenzeit erscheint symptomatisch für das Verdrängen der NS-Vergangenheit und mangelnde Empathie im Umgang mit jüdischen Emigranten und Remigranten in den ersten beiden Nachkriegsjahrzehnten:

Richard Martin Honig hatte seit 1925 eine Professur für Strafrecht in Göttingen inne. Wegen seiner jüdischen Herkunft verlor er diese 1933 und wurde in

III. Eindrücke vom Umgang mit der Vergangenheit

die Emigration getrieben. Er lehrte fortan in der Türkei, anschließend in den USA. Nach Beendigung der Tätigkeit dort kehrte er Anfang der sechziger Jahre zurück. Der Strafrechts-Professor *Rudolf Sieverts* hatte ihn um 1963/64 zu einem Vortrag in Hamburg eingeladen, seinem wohl ersten nach der Rückkehr in Deutschland. Der Einladende war ein bedeutender Funktionär im deutschen Wissenschaftsbetrieb: Rektor der Hamburger Universität, Präsident der Westdeutschen Rektorenkonferenz, leitend tätig in der Deutschen Vereinigung für Jugendgerichte und Jugendgerichtshilfen sowie in der Studienstiftung des Deutschen Volkes, Vorsitzender der Strafvollzugskommission des Bundesjustizministeriums. Thema des Vortrags von *Honig* war „Die Irrtumsregelung im amerikanischen Model Penal Code". *Anne-Eva-Brauneck*, Assistentin des Einladenden, sprach mich an jenem Tag an, ob ich nicht an der Veranstaltung teilnehmen wolle. Sie habe den Vortrag verlegt als „privatissime" in das Dienstzimmer ihres Chefs, weil der erst abends von einer auswärtigen Sitzung zurückkehre und wohl die Einladung vergessen, die Veranstaltung nicht angemessen bekannt gegeben habe, weshalb nicht mit Besuchern zu rechnen sei. Als *Honig* noch vor *Sieverts* eintraf, wurden ihm die Teilnehmer vorgestellt: Die Strafrechtler *Heinrich Henkel* – mein Doktorvater – , Frau *Brauneck*, *Herbert Jäger, Harro Otto*, eine von mir hinzugezogene weitere Doktorandin und ich. Der Gast fragte nach dem Vortragssaal und wunderte sich über den jetzt

5. Umgang mit dem jüdischen Remigranten Richard Honig

vorgesehenen Rahmen. Eine weitere Peinlichkeit ergab sich bei dem gleichfalls unvorbereiteten abschließenden Beisammensein: Wir besuchten das Dammtor-Bahnhofslokal, weil ein besseres wegen fehlender Anmeldung ausschied. In den Tischgesprächen ging man auf die Habilitations-Untersuchung von *Jäger* „Verbrechen unter totalitärer Herrschaft" ein und auf Schwierigkeiten, Einblicke in entsprechende Akten-Archive zu erhalten. Das Angebot von *Honig,* dabei zu vermitteln, kam zu spät; die Studie war weitgehend abgeschlossen. Dann ging *Sieverts* vorzeitig wieder weg wegen einer weiteren Dienstreise, ohne für den Gast zu zahlen. Als dieser selbst zahlen wollte, sprang jemand anders ein.

Diese unwürdige Aufnahme soll der Gast später öfter erwähnt haben; er schien verletzt – begreiflicherweise. Der folgende Vortrag in Göttingen verlief würdiger, von *Roxin* vorbereitet und wegen zu erwartenden geringen studentischen Interesses von vornherein in ein Seminar eingebunden. Inzwischen wurde mir berichtet, die Göttinger Fakultät habe zwar *Honig* schon 1946 vergeblich zurückzugewinnen versucht, aber die niedersächsische Ministerialbürokratie habe dessen versorgungsrechtliche Anträge bei der Rehabilitation wenig wohlwollend, sehr hinhaltend behandelt. (Zum Ganzen auch *Dölling,* demnächst)

III. Eindrücke vom Umgang mit der Vergangenheit

6. *Erfahrungen der Kriminologin* Anne-Eva Brauneck *in drei historischen Perioden*

Eine für die hier behandelte Thematik interessante Persönlichkeit ist die erwähnte *Anne-Eva Brauneck,* meine Amtsvorgängerin auf der Gießener kriminologischen Professur und erste weibliche Inhaberin einer Professur an einer bundesdeutschen Rechtsfakultät (zur Persönlichkeit: *Verf.,* 2007).

Ihr Bildungs- und Berufsweg führte sie durch drei Epochen deutscher Geschichte. Mit der später legendären Leiterin der nachmaligen Frankfurter Frauenstrafanstalt *Helga Einsele* gehörte sie zu den letzten Schülerinnen des in seiner humanistischen Haltung stark prägenden Strafrechtlers, Rechtsphilosophen und Reichsjustizministers *Gustav Radbruch.* Nach Abschluss der Juristenausbildung und Promotion bei *Sieverts* 1935 in Hamburg waren ihr als Frau der Zugang zum höheren juristischen Dienst, ebenso die Zulassung zum Anwaltsberuf verwehrt. Sie legte deswegen noch das Kriminalassistenten-Examen ab. In der weiblichen Kriminalpolizei erwirkte sie sich „eine gewisse Narrenfreiheit" (Zitate aus *Fabricius-Brand* 1982). Ein späteres Aufstiegsangebot schlug sie aus, um nicht „den besonderen Schutz der weiblichen Dienststelle zu verlieren". Im Berliner Reichskriminalpolizeiamt verfasste sie den Entwurf eines Erlasses über die „Behandlung der Kinder und Jugendlichen bei der Polizei", der erstaunlicherweise sowohl von *Himmler* übernommen, als auch von

6. Erfahrungen der Kriminologin Anne-Eva Brauneck

Radbruch als human eingestuft wurde. „Alle männlichen Kriminalbeamten gehörten der SS an, wir konnten das nicht, weil uns als Frau dafür wesentliche Eigenschaften fehlten, und so mussten wir zwar jeden Uniformträger als erste grüßen, durften aber doch auch ungestörter als andere in unseren Erlassen altmodischen menschlichen Grundsätzen folgen" – so sie selbst zu ihrer damaligen Situation. Sie befasste sich mit Studien zu familiären Hintergründen jugendlicher Straffälliger. Freilich wurde diese Arbeit argwöhnisch beobachtet. „Ein neuer, schärferer Vorgesetzter...hatte alle Unterlagen einer Nachuntersuchung an kriminellen Jugendlichen, die ich dort auf eigene Initiative unternahm...durch den Papierwolf drehen lassen, weil sie nicht die Erblichkeit der Kriminalität bestätigte".

In der Nachkriegszeit wurde sie Assistentin von *Sieverts,* musste sich aber die Möglichkeit einer Habilitation als Frau und namentlich für das Fach Kriminologie erst erkämpfen. Es war nach NS-Ideologie und Emigration bedeutender Kriminalwissenschaftler noch nicht wieder als selbstständiges Fachgebiet „rehabilitiert". Sie hatte sich in der Habilitationsarbeit erneut empirisch und psychologisch den Hintergründen jugendlicher Straftäter gewidmet. Ihr wurde jedoch nur die Lehrbefugnis für „Strafrecht und strafrechtliche Hilfswissenschaften" erteilt.

IV. Berührungen mit deutscher Vergangenheit auf Auslandsreisen

Dass man auch in anderen Ländern immer wieder mit der Vergangenheit der Hitler-Zeit konfrontiert werden kann, mögen drei beispielhafte Episoden von Reisen aus meiner Studien- und Berufsphase aufzeigen:

1. Erinnerungen an die Vergangenheit in Griechenland 1959

Das erste Erlebnis hatte ich 1959 auf einer Reise mit einem Kommilitonen in Griechenland – als Rucksack-Tourist, „per Anhalter" oder zu Fuß durch das Land ziehend, mit der Landessprache nur ein wenig vom Alt-Griechisch-Unterricht und neuen Aussprachcregelungen her vertraut.

Wir gelangten nach Kreta. Im Reiseführer war gemahnt worden, Orte zu meiden, die vom Wüten deutscher Besatzungssoldaten in der Zeit 1941-1944 heimgesucht waren. Es galt allerdings für so viele und nicht ohne weiteres in diesem Sinne erkennbare Gegenden und Dörfer, dass man dem Rat kaum folgen konnte.

IV. Berührungen mit deutscher Vergangenheit

Inzwischen ist ja historisch dieses trübe Kapitel deutscher Besatzung großenteils geklärt (z.B. *Blume, Lienau* 2012, *Nessou* 2009, *Rüter-Ehlermann 1972*). So spricht man von unzähligen „Märtyrerdörfern und -städten" in Griechenland (Beispiel: Massaker von Kalavryta), allein auf Kreta von etwa 3000 hingerichteten und insgesamt 9000 getöteten Zivilisten. Lange hatte die Forschung jene Okkupationsgeschichte ignoriert. Der bemerkenswerte, unerwartete Widerstand von Bewohnern Kretas gegen die deutsche Besatzung lässt sich vielleicht vergleichen mit dem von Ukrainern heute gegen russische Kriegführung und Besatzung. Zu der propagandistischen Vorbereitung der Kriegsführung gehörte damals eine von *Hitler* und seinem Ideologen *Alfred Rosenberg* veranlasste kulturelle Umwertung: An die Stelle der zuvor gelobten hellenischen Kultur samt Heldenmythos traten nunmehr die „schwächlichen Levatiner", ein „Land der Nichtstuer, Schieber und Korrupteure". Auch dies findet eine Parallele in der ideologischen Rechtfertigung des russischen Angriffs auf die Ukraine heutzutage und in wieder erstarkenden Freund-Feind-Unterscheidungen zwischen Völkern und Volksgruppen, um Hass und Kampfbereitschaft in vielen Ländern zu schüren. Auf die Besatzungszeit geht die Vorgabe von Hinrichtungsquoten zurück; für jeden getöteten deutschen Soldaten seien 50 Griechen – Männer, Frauen, Kinder –, für jeden verwundeten 10 hinzurichten (so General *Speidel* 1941). Zudem wurde befohlen, auf Weisung von Offizieren

1. Erinnerungen an die Vergangenheit in Griechenland 1959

jede verdächtige Person sogleich zu erschießen ohne standgerichtliches Urteil. So wurden allein im kretischen Dorf Ano Vianos 400 Einwohner als angebliche Partisanen erschossen.

Die strafjustizielle Beurteilung solchen Unrechts in der Nachkriegs-Justiz erscheint unbegreiflich. Beispielhaft sei auf eine Entscheidung des Landgerichts Augsburg von 1951 verwiesen; danach sei es völkerrechtlich gerechtfertigt, in Notwehr sogleich „verdächtige Personen, die sich im Vorfeld der deutschen Hauptkampflinie aufhielten und nicht sofort als harmlos zu erkennen waren," zu erschießen. Diese spätere Art Rechtfertigung hatte der gleichfalls zuvor als NS-Militärrichter agierende, seit 1948 wieder als Strafrechtsprofessor in Marburg wirkende *Erich Schwinge* sogar als „herrschende Lehre" bezeichnet (Nachw.: *Rüter-Ehlermann* 1972 S. 661f). Dass solche juristischen Beurteilungen von Kriegsverbrechen innerhalb eines an sich schon verbrecherischen Kriegs ihre potentiell wiederkehrende Aktualität trotz eines „Nie-Wieder-Versprechens" nicht verlieren, zeigt die derzeitige Aufnahme von Ermittlungen in der Ukraine, bei uns und auf internationaler Ebene wegen dort im russischen Angriffskrieg und besetzten Gebieten wohl tausendfach begangener Verbrechen.

Unser Erlebnis auf Kreta: Wir waren in ein derartiges Dorf gelangt. In einem Kafinio (traditionelles Kaffeehaus) hatten wir ein Gespräch mit einem älteren Kreter. Er erzählte seine Erlebnisse aus der Besatzungszeit. Wir waren betroffen, doch er beruhigte

IV. Berührungen mit deutscher Vergangenheit

uns: Er mache uns keinen Vorwurf, weil wir dafür nicht verantwortlich seien; auch seien die damaligen deutschen Soldaten nicht generell zu verurteilen; sie hätten auf Befehl gehandelt. Auch er selbst habe ja bei jeder Gelegenheit Besatzern Schwierigkeiten bereitet. Er schilderte Details sowohl der Art von Alltagswiderstand als auch der Massaker an der Zivilbevölkerung. Seine Vorwürfe verbrecherischen Handelns gälten lediglich den damals verantwortlichen deutschen Offizieren und politischen Anführern. Diese Haltung erstaunte, ja beschämte uns. Auf ähnliche Großzügigkeit, Differenziertheit im Urteil und Aufgeschlossenheit gegenüber Deutschen der Kriegs- und Nachkriegsgeneration konnte ich in manchen betroffenen anderen Ländern wie Holland und Dänemark, sogar Israel immer wieder stoßen.

2. Am Rande eines Besuchs bei der NATO in Paris 1966

In Paris stieß ich 1966 am Rande des Besuchs einer Referendargruppe bei dem seinerzeit noch in Fontainebleau residierenden NATO-Hauptquartier auf deutsche Vergangenheit:

Eine Erkundungstour durch die Stadt ließ uns die pittoresken „Halles de Paris", die damals noch vorhandenen Markthallen, aufsuchen; der Großmarkt mit seiner weit verzweigten unterirdischen Gewölbestadt wurde 1969 verlegt. In den Gewölben lebten

2. Am Rande eines Besuchs bei der NATO in Paris 1966

viele Chlochards; es war ein Elendsviertel. Einer dieser Obdachlosen erzählte uns sein Lebensschicksal: Er habe als Jude in der deutschen Besatzungszeit mitgewirkt in der „Resistance" und immer in den Hallen gelebt, dort sogar die NS-Zeit mit viel Ungemach, aber auch Glück überlebt. Danach gefragt, ob er sich je um eine Wiedergutmachung an deutsche Stellen gewandt habe, antwortete er resignativ, dazu seien seinesgleichen nicht in der Lage; dafür müsse man einen erfahrenen Anwalt einschalten, also Geld haben. Wie viele solcher Opfer mögen aus gleichen Gründen ohne Entschädigung geblieben sein?

Anekdotisch sei noch angefügt: Von einem Mitarbeiter der Staatsschutzstelle wurde ich später als Zeuge vernommen; ich sollte angeben, was wir an Geheim-Erkenntnissen bei der NATO-Stelle erfahren haben könnten und was ich über einen bestimmten Mitreisenden unserer Reisegruppe wisse. Dieser stehe unter Verdacht, informeller Mitarbeiter der Stasi – des DDR-Geheimdienstes – zu sein. Meines Wissens war uns jedoch kaum geheim zu Haltendes preisgegeben worden. Wohl aber erinnerte ich mich an ein Gespräch mit seiner zeitweiligen Freundin, die mit in Paris war. Sie hatte uns mal von seiner angeberischen Haltung erzählt und erwähnt, er habe ihr einen Kugelschreiber gezeigt, mit dem er durch einen eingebauten Sender Gespräche aufzeichnen könne. Die Durchsuchung bestätigte das.

IV. Berührungen mit deutscher Vergangenheit

3. Erfahrungen in Jerusalem 1991

Mehrere Berührungen zur deutschen Vergangenheit gab es anlässlich einer Reise zu der von der „International Society for Research on Aggression" an der Hebrew University in Jerusalem veranstalteten Fachtagung.

Schon während der Altstadtbesichtigung wurde man sich anhaltender Gewaltgefahren bewusst. Es war die Zeit der „Ersten Intifada". Jener „Krieg der Steine" hatte 1987 begonnen, war gezeichnet von zivilem Ungehorsam sich heimatlos und unterdrückt fühlender Palästinenser im Gazastreifen, Westjordanland und in Ostjerusalem, eskalierte in Terror und Gewalt, flaute zu der Zeit des Besuchs ab und endete aufgrund des Vertrags von Oslo 1993 mit der Gründung einer palästinensischen Autonomiebehörde.

In eine gespenstische Atmosphäre gerieten meine Frau und ich auf dem Tempelberg – keine Touristen, viele palästinensische Bewacher, eine geschlossene religiöse Veranstaltung in der Al Aksa Moschee, misstrauische Blicke auf die „Fremden". Wir verließen das Gelände, um über die Altstadtgassen mit den vielen Kiosken und Basaren rasch zurück nach Westjerusalem zu gelangen. Doch auch hier war es beunruhigend still; alle Rollos wurden nachmittags heruntergelassen, die Touristen waren längst verschwunden. Wir hatten uns unzureichend um Regeln und Termine der Intifada gekümmert. Ein Mann zog

3. Erfahrungen in Jerusalem 1991

uns in seine Ladentür und versprach uns „sicheres Geleit". Doch zunächst sollten wir die Waren des Schmuckhändlers ansehen. Natürlich verließen wir den Schmuckladen erst nach dem Kauf kleiner Geschenke. Anschließend begleitete er uns zum Jaffator, durch das wir in den Westteil Jerusalems gelangten, um auf den Bus zum Hotel zu warten. Dort stand auch ein offenkundig der deutschen Sprache mächtiges älteres Paar. Die Frau sprach uns an, fragte uns regelrecht aus und gab sich als jüdische Emigrantin aus Frankfurt zu erkennen, die mit ihrem Mann nach dortigen verstärkten Pogromen („Reichs-Kristallnacht") in die USA emigriert war. Sie schwärmte geradezu von der seinerzeit im Frankfurt der Weimarer Zeit wie selbstverständlich gelebten deutschjüdischen Kultur-Symbiose. Erneut die Erfahrung, als Deutscher der Kriegsgeneration überhaupt nicht abgelehnt oder mit Vorwürfen versehen zu werden; nur ließ sie uns wissen, ihr Mann werde nicht mit uns sprechen; er habe nie wieder seine Heimatsprache benutzt. Beider Haltungen vollauf nachvollziehbar!

Von der Fachtagung selbst diese Erinnerungen:

- Ein palästinensischer Student wollte Ergebnisse einer Befragungsstudie unter jüdischen und palästinensischen Studierenden zur Einschätzung und Bewertung zivilen Ungehorsams vortragen, sollte aber daran gehindert werden, weil er ja parteiisch, also befangen sei. Das erschien mir als Symptom

mangelnder Toleranz unter Wissenschaftlern und Ausdruck eines Pauschalurteils über „die" Palästinenser.
- Eine israelische Studie befasste sich mit Re-Traumatisierungen von Überlebenden deutscher Konzentrationslager, die nach Israel ausgewandert waren und nun unter dem Eindruck erstmals wiedererlebter Gewalt – Geschosse waren von Terrororganisationen bei der Intifada auf Jerusalem gefeuert worden – Zuflucht in Luftschutzbunkern suchen mussten.
- Der junge deutsche Forscher *Jo Groebel* von der Universität in Landau referierte über einen spezifischen Aspekt von Gewalt, wurde anschließend in der Diskussion völlig ohne Bezug zu seinem Vortragsthema von einem israelischen Kollegen aufgefordert, Stellung zu nehmen dazu, dass auch Waffen aus deutscher Produktion von palästinensischen Terrorgruppen verwendet worden seien. Er wies auf sein Unwissen und darauf hin, dass der internationale Waffenhandel undurchsichtig sei. Man erwartete aber eine moralische Beurteilung von ihm. Doch wurde der Streit dadurch beendet, dass ein holländisch-jüdischer Kollege ihm zur Seite sprang und hervorhob, solche Vorwürfe gegen einen Deutschen der Nachkriegsgeneration seien unfair; im Übrigen seien auch sein Land – Niederlande – und andere Länder in derartige schwer durchschaubare Waffengeschäfte verwickelt.

4. Exkurs: Grenzen der Israel-Kritik

Die zuletzt beispielhaft angedeuteten Episoden von der Reise nach Israel werfen zugleich ein Schlaglicht auf die anhaltende, auch strafrechtlich relevante Diskussion um ausgewogene Nah-Ost-Berichterstattung und erlaubte oder verbotene Kritik an Israels Politik gegenüber Palästinensern sowie auf die Art und Weise, wie wir mit Kulturdenkmälern antisemitisch-rassistischen Aussagegehalts umgehen sollten.

• Zunächst zu Kritik an Israels Politik:

Selbstverständlich muss – auch von Deutschen – Kritik gegenüber politischen Haltungen und Entscheidungen der israelischen Regierungen und Parteien erlaubt sein, darf nicht an sich schon als Symptom von Antisemitismus gewertet werden.

Das gilt zum einen etwa für die Politik gegenüber arabischen Minderheiten, namentlich Palästinensern. Offenkundig agieren einige extreme israelische Politiker und Parteien gegen eine Zwei-Staaten-Lösung, wie sie internationalrechtlich vorgegeben ist. Dazu zählen die Siedlungspolitik mit Tendenzen, das Westjordanland zu annektieren, sogar Forderungen, die dortige palästinensische Bevölkerung zum Auswandern zu veranlassen (vgl. *Storz* 2022), außerdem für Diskriminierung von Palästinensern innerhalb des jüdischen Staates Israel. All das ist weit entfernt von Befriedung in der Region.

IV. Berührungen mit deutscher Vergangenheit

Ebenso gilt es für die neuerlichen gesetzgeberischen Eingriffe in die Justiz und Gewaltenteilung und damit für die Gefährdung der Demokratie. Man darf und muss es kritisieren dürfen, und zwar in aller Schärfe. Der bekannte israelische Journalist und Historiker *Tom Segev* fordert sogar die USA, Europa und namentlich Deutschland dazu auf, der israelischen Demokratie zu helfen und sich vernehmlicher kritisch gegen die Versuche der Regierung unter *Netanjahu* zu wenden, die auf eine Entmachtung des Obersten Gerichts, eine Beeinträchtigung der Gewaltenteilung, letztlich eine Beschädigung der Demokratie zielt (*Hesse* 2023). Wie stark die gesellschaftliche Spaltung in Israel bereits fortgeschritten ist, dass andererseits stabil demokratische Haltungen bestehen, zeigen die Monate anhaltenden einmalig starken friedlichen Demonstrationen Hunderttausender im ganzen Land gegen die geplanten, teils schon beschlossenen Justizreformgesetze. Von den verbreiteten Sorgen um den Fortbestand einer funktionierenden Demokratie zeugen aber auch zunehmende Tendenzen bei vielen Israelis, das Land zu verlassen, das sie einst gern aufgenommen und einst Schutz und Demokratie versprochen hatte (*Segev* nach *Hesse 2023*).

Ist also Kritik an israelischer Politik angesichts von Gefahren für Demokratie und Menschenrechte erlaubt und notwendig, so muss Strafverfolgung wegen politisch-kritischer Meinungsäußerungen gegenüber

4. Exkurs: Grenzen der Israel-Kritik

Israels Politik auf äußerste Fälle tatsächlich antisemitischer Exzesse begrenzt bleiben.

Wenn allerdings das Existenzrecht Israels oder die Würde jüdischer Menschen mit der Kritik infrage gestellt werden, wenn die Shoa geleugnet oder Gewalt von palästinensischen Terrororganisationen gerechtfertigt werden, dürfte es nur noch in Ausnahmefällen vom Grundrecht auf Meinungs- oder Kunstfreiheit gedeckt, die „rote Linie" zur Strafbarkeit meist überschritten sein; es würde zugleich die aus den Judenpogromen folgende, uns aufgegebene Mitverantwortung für das weitere Schicksal der Juden tangieren. Zwischen Recht und Unrecht hierbei zu unterscheiden, kann mitunter einer Gratwanderung gleichen. Dass beispielsweise etwas als Kunstwerk auch im Rechtssinn zu bewerten ist, schließt eine Strafbarkeit in Grenzfällen nicht aus. Dies klärt die Entscheidung des Bayerischen Obersten Landesgerichts vom 7. Oktober 2022. Dabei ging es um einen Karikaturisten, der einen israelischen Soldaten als einem Nazi-Soldaten ebenbürtig dargestellt hatte und deswegen verurteilt worden ist (dazu *Steinke* 2022).

- Sodann zum Umgang mit antisemitischen Kulturdenkmälern:

Die Problematik wurde neuerlich wieder deutlich im Streit um die Documenta 15 in Kassel. Dort wurden nach öffentlicher Kritik wegen der Duldung von Kunstwerken mit antisemitischem Aussagewert einige umstrittene Exponate verhüllt oder sonst einer

IV. Berührungen mit deutscher Vergangenheit

Präsentation entzogen, darunter ein Banner des indonesischen Kollektivs *Taring Padi* oder die Bildreihe „Guernica Gaza" des palästinensischen Künstlers *Mohammed Al-Hawajri;* andererseits wurde ein propalästinensischer Film der Gruppe „Subversion Films" trotz gegenteiliger Empfehlung des wissenschaftlichen Beirats vorgeführt. Doch bleibt mangels eigener Eindrücke vor Ort dazu dieses Ereignis hier unkommentiert (Näheres bei *Talke, Estis* 2022).

Der Auseinandersetzung um die Documenta 15 vorausgegangen war jedoch ein anderer Streit um ein Kulturdenkmal: das unsäglich antisemitische Relief der „Judensau" an der Wittenberger Schlosskirche. An der publizistischen Diskussion hatte ich mich beteiligt.

„Die `Judensau´ soll endlich weg! Und zwar freiwillig – ohne Gericht und faule Ausreden." So der Journalist *Rafael Seligmann* (2022), in gleichem Sinn die evangelische Theologin *Margot Käßmann,* mit der Begründung, es sei eine Hassbotschaft, mit der heute noch jüdische Menschen beleidigt würden und die deshalb nicht in den öffentlichen Raum gehöre, aus juristischer Sicht ähnlich *Thomas Fischer* (2022), der – allerdings noch vor der maßgeblichen Entscheidung des Bundesgerichtshofs – eine Ausstellung allenfalls in musealem Rahmen für angemessen hielt.

Der Bundesgerichtshof entschied jedoch alsbald, das Relief müsse nicht beseitigt werden; es sei zwar ein Schandmal mit eindeutig Juden beleidigender, verhöhnender, verunglimpfender Sinngebung; aber

4. Exkurs: Grenzen der Israel-Kritik

von ihm gehe im Kontext mit der von der Kirchengemeinde vorgenommenen Kommentierung vor Ort und mit heutigen Erkenntnissen zu Antisemitismus, zu dessen Vorurteilen, Mythen, Stereotypen und Verschwörungstheorien keine beleidigende Botschaft mehr aus (BGH, Urt. v. 14.06.2022 – VI ZR 172/20). Nach dieser Entscheidung reagierte die Wittenberger Stadtkirchengemeinde: Sie lehnte eine Abnahme des Reliefs ab, verstärkte indes die Hinweistafel vor Ort mit dem Zusatz, man distanziere sich von „Antisemitismus und Judenhass"; außerdem werde man in der Kirche auf Schrifttafeln über die historischen Zusammenhänge aufklären und dabei *Martin Luther* nicht ausnehmen (Legal Tribune Online 2023).

Strafbare Beleidigung liegt aktuell schon deswegen nicht vor, weil die potenziellen Täter – Verantwortliche der evangelischen Gemeinde – jedenfalls keinen Beleidigungsvorsatz haben, wie die Erklärungstafeln an dem Relief belegen. Die Gemeinde dürfte die Skulptur ohnehin nach Denkmalschutzrecht wohl nicht entfernen, etwa in einem Museum unterbringen. Im Gegensatz zu den Documenta-Exponaten geht es ja nicht um eine Neuschöpfung oder neue Äußerung antisemitischen Sinngehalts, sondern um ein seit über 700 Jahren bestehendes, einem Kirchengebäude angefügtes Relief. Es ist dem Geist der Entstehungszeit verhaftet und heute als Kulturdenkmal zu würdigen. Dem wird der nunmehr beigefügte, jetzt noch deutlicher erklärende Text gerecht.

IV. Berührungen mit deutscher Vergangenheit

Ließe man dieses historische Dokument von Antisemitismus aus der Öffentlichkeit verschwinden, erschwerte man ständig notwendige Aufklärungsarbeit gegenüber nachwachsenden Generationen, der ja auch diese Abhandlung dienen will. Man würde die Erinnerungskultur, den Gedächtnisspeicher beeinträchtigen. Man gäbe ein wertvolles, allen und allzeit zugängliches Beweismittel für über Jahrhunderte anhaltenden Antisemitismus – hier von der Zeit der Entstehung jener Skulptur um 1300 über die Reformationszeit bis zur NS-Phase und in die jüngste Vergangenheit – preis. Das Schandrelief kann ebenso wie der Besuch von Konzentrationslagern Schülern und Schülerinnen Wurzeln, Mittel und Folgen von Antisemitismus drastisch verdeutlichen. Das berührt emotional stärker, unmittelbarer als eine museal-wissenschaftliche Präsentation. Es kann helfen, neuem antisemitischem Hass vorzubeugen. Es der Öffentlichkeit zu entziehen wäre kulturhistorisch und theologisch-wissenschaftlich ähnlich unverantwortlich wie etwa das Bestreben, antijudaistische Texte vor allem des späten *Martin Luther* nicht mehr zu publizieren oder auszulöschen; er hatte in Wittenberg theologisch gewirkt und in der Schlosskirche gepredigt; sein dem spätmittelalterlichen Zeitgeist folgender Antijudaismus war zwar nicht rassistisch gefärbt, sondern zunächst rein theologisch verstanden; gleichwohl war er vorurteilsbeladen und schließlich gegen Juden und deren Bürgerrechte gerichtet; er hat in theologischer Verirrung beigetragen zu späteren Judenverfolgungen und Vernichtungsaktionen (dazu insb. *Thomas Kaufmann,* in: *Schilling* 2014 S. 53 ff). Sein Wirken gilt es kritisch zu würdigen durch aufgeklärte Interpretation seiner Texte, nicht durch deren Beseitigung.

Im Übrigen müsste man sonst konsequent Relief-Teile an wohl europaweit über hundert vor allem gotischen Kirchen beseitigen. Deswegen verwundert es nicht, dass schon in naher Umgebung von Wittenberg eine ähnliche Diskussion mit entsprechenden Forderungen nach Beseitigung einer Judensau-Skulptur aus dem 13. Jahrhundert entbrannt ist: in Brandenburg an der Havel. Dort ist eine derartige schmähende Darstellung im Kapitel einer Halbsäule des Doms zu sehen; sie ließe sich aus statischen Gründen nicht entfernen und an anderer Stelle unterbringen. Die dortige „Problemlösung" – ein Verhüllen des Reliefs – stellt nach Bischof *Christian Stäblein* als Vorsitzendem des Domkapitels nunmehr „eine Form der visuellen Beseitigung" dar. Man fragt sich, ob das nicht eher ein Verschieben, Verdrängen oder „Verhüllen" des Problems ist; weckt man dadurch nicht geradezu die Neugier von Dombesuchern? Warum auch hat man nicht wie in Wittenberg mit einer angemessenen Erklärungstafel auf den antisemitischen Gehalt hingewiesen und damit zugleich der aufgezeigten juristischen Klärung durch den Bundesgerichtshof entsprochen?

IV. Berührungen mit deutscher Vergangenheit

5. Ergänzung zum Exkurs: Überfall auf Israel am 7. Oktober 2023

Nach Beginn der Drucklegung ereignete sich der Überfall von Hamas-Kämpfern aus dem Gaza-Streifen auf den Süden Israels am 7. Oktober 2023, seither verbunden mit anhaltenden Raketenangriffen auf ganz Israel. Er aktualisiert die in diesem Abschnitt angesprochenen Probleme auf drastische Weise. Er verstärkt erneut Existenzängste in Israel und von jüdischen Menschen in aller Welt. Er zeigt, wohin antisemitische Hassparolen führen können. Er lässt sogar befürchten, es könne zu einem größeren Krieg im Nahen Osten oder darüber hinaus kommen. Ebenso beeinträchtigt er schon jetzt friedliches Zusammenleben unterschiedlicher ethnischer und religiöser Gruppen in unserem Land. Nie zuvor sind seit der von Deutschen zu verantwortenden Shoah wieder so viele jüdische Menschen – wohl um 2000 – durch einen einzigen Terrorakt und in widerwärtiger, menschenverachtender Weise umgebracht, weitere – um 200 – als Geiseln verschleppt worden.

Die von Hamas und Hisbollah sowie von deren Unterstützern im Mullah-Regime des Irans verkündeten Hass- und Vernichtungs-Botschaften wirken sich sogar in unserem Land aus: Brandanschlag auf eine Synagoge, Nachlassen des Besuchs jüdischer Schulen aus Angst, öffentliches Demonstrieren islamistisch gestimmter Gruppen, die den Terrorakt feiern, Kennzeichnung von Häusern jüdischer Mitbür-

5. Ergänzung zum Exkurs: Überfall auf Israel am 7. Okt. 2023

ger mit David-Sternen und anderen Symbolen, was an die Pogrome der Hitler-Zeit anknüpft.

Nun ist auf die Probe gestellt, ob wir politisch umsetzen, was mit den verheißungsvollen Versprechen verbunden war: „Nie-Wieder" und die Feststellung, die Sicherheit der Juden und des Staates Israel seien „deutsche Staatsräson". Im Zusammenhang mit dem vorangegangenen Abschnitt muss festgestellt werden, dass auch jetzt selbstverständlich Mahnungen gegenüber politisch und militärisch Verantwortlichen in Israel erlaubt sind, das Existenzrecht von Palästinensern zu achten, völkerstrafrechtliche Grenzen bei einem Gegenschlag gegen die Hamas zu wahren. Vorrangig ist aktuell jedoch, Empathie, Solidarität gegenüber Israel und allen Betroffenen in dem Land zu zeigen, erkennen zu lassen, dass wir aus der Vergangenheit gelernt haben und rechtzeitig neuen Hassbewegungen, Gewalttendenzen, wiedererstarkendem Antisemitismus entgegentreten.

V. Die Gießener Professur für Kriminologie: Vergangenes und Neuanfänge im Umgang mit Vergangenem

1. Ein bedeutender Vorgänger: Wolfgang Mittermaier

Im Rückblick auf mein Wirken als Professor für Kriminologie von 1976 bis 2006 an der 1607 gegründeten Universität und Rechtsfakultät in Gießen sowie zur Thematik des Umgangs mit NS-Vergangenheit und Antisemitismus darf ich auf einen Beitrag von 2018 zurückgreifen; er hatte sich aus Anlass des 100-jährigen Jubiläums der Gießener Hochschulgesellschaft namentlich mit dem Kriminalwissenschaftler *Wolfgang Mittermaier* (1867-1956) befasst, einem der Vorgänger auf der Professur, einer Persönlichkeit zugleich mit bemerkenswert standhafter Haltung in der NS-Zeit (*Kreuzer 2018*).

Mittermaier vertrat 1918 die Kriminalwissenschaften allein in einem nur fünfköpfigen Kollegium. Bürgerliches und Römisches Recht nahm *Otto Eger* wahr, der von Kundigen später als „radikaler Nationalist" und „revanchistischer Opportunist" eingeschätzt wurde und sich auch im öffentlichen Leben so engagierte, etwa mit dem Ziel, das städtische Musikleben nationalsozialistisch auszurichten; die Ehrung *Eger*s durch die Bezeichnung eines Heims nach seinem Namen in der Nachkriegszeit wurde erst 2012 aufgehoben. Neben einem weiteren Kollegen vertrat das Zivilrecht vor allem *Leo Rosenberg,* Verfasser sehr bedeutender Lehrwerke; er lehrte bis 1932 in Gießen, danach in Leipzig, wo er aber 1943 wegen jüdischer Herkunft amtsenthoben wurde; er konnte alle Verfolgungen in Deutschland überleben, während Tochter und Schwestern Opfer des Holocaust wurden; in München musste sich *Rosenberg* nach 1945 als Professor neben eindeutig nationalsozialistisch verstrickten Kollegen wie *Karl Larenz, Theodor Maunz* und *Edmund Mezger* behaupten. Für Staatsrecht war in Gießen der eindeutig regimetreue *Hans Gmelin* zuständig.

Mittermaier hatte die Professur als Nachfolger berühmter Kriminalwissenschaftler wie *Franz von Liszt* und *Ernst Beling* bis 1933 inne. Seine Lehrgebiete waren Straf- und Strafprozessrecht, Gefängniskunde (von ihm stammte das einzige entsprechende Lehrwerk: *Mittermaier* 1954), Kriminalpolitik, Zivilprozess-, Konkurs-, Forst- und Landwirtschaftsrecht. Er stand der soziologisch ausgerichteten „modernen Strafrechtsschule" von *v. Liszt* und dem Ziel von Reformen zu einer Humanisierung des Strafrechts seines Großvaters *Carl Joseph Anton Mittermaier* nahe.

Als aufrechten, gradlinigen, unabhängigen, anständigen, mutigen, für seine Überzeugungen einstehenden, notfalls kampfbereit antidemokratischen Haltungen anderer trotzenden Menschen erweist ihn

1. Ein bedeutender Vorgänger: Wolfgang Mittermaier

ein beeindruckendes Ereignis 1933: Seinem Studenten *Alfred Gutsmuth* aus Gießen war es wegen jüdischer Abkunft gleich zu Beginn der Einbindung von Universitäten in die NS-Rassenpolitik verwehrt, das Studium mit dem Referendarexamen abzuschließen. Bereits zuvor hatte er eine zunehmend jüdische Kommilitonen ausgrenzende Haltung „brauner" Studenten erlebt. Im dritten Semester hatte er sich mit einer Schrift um einen Preis einer Stiftung beworben. *Mittermaier* bescheinigte als Gutachter der Arbeit die Eignung als Grundlage einer Dissertation. *Gutsmuth* erhielt zwar den Preis, durfte ihn aber nicht persönlich wie die anderen Preisträger entgegennehmen. Sein Lehrer wollte den begabten Schüler jedoch nicht ohne Abschluss von der Universität gehen lassen. Er schlug ihm die weitere Bearbeitung der preisgekrönten Schrift zu einer Dissertation vor und versprach, sich um die Überwindung einiger Hürden, zumal in der mit *Eger* und *Gmelin* besetzten Prüfungskommission, einzusetzen. Der 21-Jährige wurde promoviert. Zwei Professoren – *Mittermaier* und der Theologe *Gustav Krüger*, der sich nach einer mutigen Rede gegen die neuen Machthaber aus dem Senat verabschiedet hatte – ermutigten ihn, sich um ein Stipendium zu bemühen. Dazu *Abraham Bar Menachem* – ehemals *Alfred Gutsmuth* – in einer Ansprache bei der Überreichung des Goldenen Doktordiploms in Gießen 2007: „Beide, *Mittermaier* und *Krüger*, waren eine Ausnahme – nicht nur an der Ludwigs-Universität in Gießen; sie gehörten zu den

V. Die Gießener Professur für Kriminologie

Wenigen im ganzen Deutschen Reich, die sich dem Nazi-Regime nicht beugten, die festhielten an der Gedanken- und Meinungsfreiheit und der Wahrung der Menschenrechte. Sie waren bedeutsam für die Hoffnung auf ein sich im Frieden wieder erneuerndes Volk."

Mittermaier wurde 1934 insbesondere wegen dieses Einsatzes für seinen Schüler zur vorzeitigen Emeritierung gedrängt. *Bar Menachem* emigrierte 1934 in die Niederlande, 1938 nach Palästina, wurde später Oberbürgermeister von Netanja, stimulierte eine Städtepartnerschaft mit Gießen, außerdem nach *Mittermaier* benannte Preise für akademische Leistungen sowie die Benennung einer Gießener Haftanstalt nach dem Namen *Mittermaiers;* seinen Vorschlag mit dieser Intention hatte ich als Berater im Hessischen Justizministerium realisieren können. Er verstarb im biblischen Alter von 104 Jahren in Netanja.

Bleibt nachzutragen, dass es mir als Dekan 1983 verwehrt war, ihm das Goldene Doktordiplom zu verleihen wegen eines entgegenstehenden früheren Grundsatzbeschlusses, generell keine Auszeichnungen zuzulassen für Doktoranden aus der NS-Zeit; damalige Dissertationen konnten meist nicht mehr auf NS-Gedankengut hin überprüft werden, weil sie großenteils im Krieg verschollen waren; andernorts war es zu einem Skandal gekommen, als ein Goldenes Doktordiplom verliehen worden war an einen Professor für eine zunächst ungeprüfte Dissertation, die später als ideologisch einschlägig geprägt erkannt wurde. Jener Beschluss traf gerade den Falschen. Ein nachfolgender Dekan konnte viele Jahre später dieses Verbot überwinden und *Mittermaier* bei einem Besuch der Justus-Liebig-Universität entsprechend ehren.

Zwei von *Mittermaiers* Schülern wurden bedeutende Professoren: Sein unmittelbarer Nachfolger in Gießen, später in München lehrend, *Karl Engisch,* und *Hans von Hentig,* einer der ersten dezidierten Kriminologen, der wegen seiner ablehnenden politischen Haltung zum Regime amtsenthoben wurde und in die USA emigrierte, um dort – wie schon *Max Grünhut* – zum Ausbau moderner empirischer Kriminologie beizutragen. Die in den USA vor allem auch durch Emigranten fortentwickelte, empirisch und sozialwissenschaftlich bereicherte, in der westlichen Welt vorbildliche Kriminologie beeinflusste die unsere merklich erst ab den sechziger Jahren.

2. Bemerkenswertes aus neueren Gießener Veranstaltungen zur Auseinandersetzung mit der Vergangenheit

Besonders in zwei vom Lehrplan abweichenden und von mir durchgeführten Veranstaltungsreihen wurde und wird oft aufklärerisch der Umgang mit deutscher Vergangenheit in Politik und Justiz kritisch gewürdigt: Das Gießener Kriminologische Praktikerseminar; es vereinte Wissenschaftler, Studierende,

Praktiker, Politiker, Wissenschaftsjournalisten und allgemein Interessierte zum Austausch von Information und zu Anstößen für Neuerungen; außerdem der seit 2006 wirkende Verein „Criminalium"; er will Verständnis für Strafrechtskultur in Geschichte und Gegenwart der Öffentlichkeit vermitteln. Dazu nur wenige Beispiele und Episoden:

- Im Praktikerseminar hatte um 2000 meine Bekannte, *Helge Grabitz,* referiert über ihre Erfahrungen als Sonder-Staatsanwältin in der 1958 eingerichteten Ludwigsburger „Zentralen Stelle der Landesjustizverwaltungen zur Aufklärung nationalsozialistischer Verbrechen" sowie über ihre entsprechende Arbeit in der Hamburger Staatsanwaltschaft (*Grabitz* u.a. 1999). Dabei ging sie auf einen besonderen Fall ein: den des evangelischen Gemeindepfarrers *Friedrich Lensch* in Hamburg-Othmarschen; er war mir aus meiner Heimat bekannt und hatte meine jüngste Schwester konfirmiert. Gegen ihn wurde wegen Beihilfe zum Mord ermittelt. Er sollte als Leiter der kirchlich getragenen Alsterdorfer Anstalten in Hamburg die ihm jeweils nach ärztlicher Vorprüfung und Diagnose vorgelegten Akten daraufhin prüfen, ob die wegen psychischer Erkrankungen oder Behinderung aufgenommenen Kinder und andere Patienten den Euthanasie-Stellen zu melden seien als „lebensunwertes Leben". Die von ihm so Eingestuften kamen dann in andere Spezialeinrichtungen und wurden mehrheitlich in weiteren Anstalten – z.B. Hadamar – zumeist getötet oder zwangssterilisiert oder medizinischen Experimenten ausgesetzt. Seine Argumentation zur eigenen Entlastung stützte sich – wie üblich – auf die strikte Weisung zu Meldungen, die ihm von zuständigen NS-Stellen erteilt war, und darauf, dass ein anderer an seiner Stelle die Selektion wesentlich großzügiger vorgenommen hätte. Die Anklage scheiterte vor Gericht, weil letzte Zweifel am Tatvorsatz bestanden; ein erneutes Verfahren blieb wegen seines Todes aus.

- In vielen Veranstaltungen des „Criminalium" kamen Zeitzeugen und Forscher zu Wort: Genannt seien beispielhaft die bereits genannten Rechtshistoriker *Munoz Conde* und *Rüthers,* außerdem die Autorinnen *Ruth Barnett* und *Ursula Krechel (Barnett* 2016, *Krechel* 2012). *Barnett* hat autobiografisch über ihr Schicksal berichtet als seinerzeit selbst von einem Kindertransport als 4-jähriges jüdisches Kind Betroffene; *Krechel* schildert in ihrem Roman das Schicksal des jüdischen Richters *Richard Kornitzer* und das seiner über mehrere Länder zerstreuten Familie; in beiden Schriften werden auch „stille Widerständler" erwähnt, die sich für Betroffene eingesetzt hatten. Ebenso referierte *Ronen Steinke* zu seinem Buch über *Fritz Bauer* (*Steinke* 2015); darin ist die bekannte, vielsagende Bemerkung des re-migrierten ehemaligen Hessischen Generalstaatsanwalts und Betreibers des Frankfurter Auschwitz-Verfahrens zu finden, immer wenn er sein Büro verlasse, betrete er feindliches Ausland. Weiterhin wurden Ausstellungen zur Vergangenheit initiiert oder unterstützt, so etwa eine in der jetzigen Vitos-Klinik für Psychiatrie und Psychotherapie; dort wurden Akten gezeigt und Wege nachgezeichnet, die belegten, wie in der NS-Zeit der Vorgänger-Klinik für lebensunwert erachtete Patienten und Patientinnen heimlich, unter Vorwänden und durch einen eigens dafür geschaffenen Tunnel zu Transportfahrzeugen gebracht und in die psychiatrische Klinik Hadamar überstellt wurden, um dort der Euthanasie preisgegeben zu werden; für diese Aktionen mit verantwortliche Mediziner wirkten in der Nachkriegszeit wieder als Ärzte und Universitätslehrer.

VI. Beispielgebendes Gedenken an Holocaust-Opfer heute

Versöhnlich kann ein Erlebnis zum Abschluss der überwiegend bedrückenden Erinnerungen an die Art des Umgangs mit NS-Unrecht und Antisemitismus aus jüngster Zeit stimmen.

Mitte September 2022 wurde im mittelhessischen Londorf der Deportation aller noch auffindbaren 65 jüdischen Mitbürger und Mitbürgerinnen in die KZ´s vor 80 Jahren 1942 gedacht. Ein Bürger hatte sie den Vollstreckern des Deportationsbefehls benannt. Bis in die Zeit nach 1933 lebte man in dem Dorf friedlich miteinander, ob mit oder ohne Bezug zum Judentum. Nahe der Kirche stand eine Synagoge. Freund-Feind-Denken war erst Folge der Nazi-Propaganda; nach und nach wurden jüdische Mitbürger als anders, fremd, feindlich eingeschätzt.

Solchen propagandistisch stimulierten und auf einer vorurteilsbeladenen politischen Ideologie beruhenden gesellschaftlichen Spaltungen begegnet man auch heute wieder; genannt seien nur die Verfolgungen der muslimischen Minderheit durch die bosnisch-serbisch-christlich-orthodoxe Mehrheit in Srebrenica 1994 oder die Morde an 800.000 Angehörigen der Tutsi-Minderheit durch Milizen der

VI. Beispielgebendes Gedenken an Holocaust-Opfer heute

Hutu-Mehrheit in Ruanda 1994; solche Volksgruppen kannten zuvor gleichfalls ein friedliches Miteinander.

Ein Hobby-Historiker in meinem Wohnort, *Hanno Müller,* hat inzwischen auch für Londorf wie zuvor für mehrere Orte in der Umgebung eine Dokumentation jüdischer Mitbürger, jüdischen Lebens und des Holocaust erstellt oder vorbereitet (z.B. *Müller et al.* 2014). Das trägt zur Erinnerungskultur und erzieherischen Prävention in nachfolgenden Generationen bei. Ähnlich verhält es sich mit den „Stolpersteinen" in vielen Orten unserer Umgebung.

Das Mädchen *Ruth Wertheim* aus Londorf war die einzige jener Deportation, die mehrere KZ´s überlebte, am Kriegsende befreit wurde und in die USA emigrierte. Sie heiratete dort. Ihr Sohn *Lawrence Baco* war bis Mitte 2023 Präsident der Elite-Universität Harvard in Boston. Er war mit drei Verwandten und einigen anderen Angehörigen ehemaliger deportierter und ermordeter Londorfer Bürger zu der Feier von weither gekommen. Dort wurde ein kleiner Park als Mahnmal feierlich eröffnet; er ist ausgestattet mit elf Gedenkstelen, je einer für jede jüdische Familie des Dorfs; sie führen alle Namen und Daten zu den Schicksalen der Familienangehörigen auf, gleichviel, ob sie geflohen, der Verfolgung durch Suizid zuvorgekommen oder deportiert worden waren. Wichtig ist, dass die Namen der Opfer nicht vergessen werden dürfen, dass sie wieder in das Gedächtnis der heutigen Bürger gerufen werden müssen, waren sie

VI. Beispielgebendes Gedenken an Holocaust-Opfer heute

doch ehemalige Mitbürger, denen nicht nur Bürgerrecht und Leben gewaltsam genommen worden ist, sondern auch die Zukunft, die Potenzialität ihres Lebens; was wäre ihnen sonst im Leben noch möglich gewesen, vielleicht mit Familie und Kindern, die eventuelle Mitgestaltung des Dorflebens und Landes, Freud und Leid!

Lawrence Baco hatte anlässlich dieses Besuchs außerdem vor der Schülerschaft einer Schule im nahen Lollar aus dieser Vergangenheit berichtet – ein Zeitzeuge der zweiten Generation – und dort große Aufmerksamkeit erlebt. Er hat uns später über seine Erinnerungen an Londorf geschrieben: 1963 sei er als 12-jähriger mit seiner Mutter, *Ruth Wertheim*, erstmals nach Londorf gereist. Die Mutter habe dort den Mann getroffen, der sie und die anderen den Nazi-Schergen preisgegeben hatte; es sei eine fürchterliche Begegnung gewesen; sie seien sogleich wieder abgereist. 1994, nach dem Tod der Mutter, als Gastprofessor in Amsterdam weilend, besuchte er ein zweites Mal Londorf, nunmehr um einen ehemaligen Londorfer Nachbarn seiner Mutter, *Otto Kemmerer*, aufzusuchen und Dank zu sagen; der hatte jener Familie *Wertheim* vor dem Abtransport in die KZ´s immer heimlich, verbotswidrig, unter hohem Risiko u.a. mit Lebensmitteln geholfen, weil den Juden nur halbe Rationen bewilligt waren. *Kemmerer* zeigte *Baco* das Haus, in dem die *Wertheims* gewohnt hatten und das seither just jenem Denunzianten gehört. Nun, 2022,

VI. Beispielgebendes Gedenken an Holocaust-Opfer heute

sein dritter, versöhnlicher und ermutigender Besuch in Londorf.

VII. Beispielhafte Erfahrungen auf Vortragsreisen in Länder mit totalitären Tendenzen

In den nachfolgenden Darstellungen geht es nicht mehr um die Aufarbeitung von Antisemitismus und Totalitarismus der deutschen Vergangenheit, sondern um Erkennen und Verarbeiten neuerer weltweiter Tendenzen und Symptome von Nationalismus, Totalitarismus und Fremdenfeindlichkeit.

Auf einigen Vortrags- und Forschungsreisen hatte ich Eindrücke über Auswüchse von Gewalt, Terror, Menschenrechtsverletzungen, Missachtung von Rechten Gefangener in Ländern gewinnen können, die überwiegend unter militärischen Regimes standen, zudem erhebliche Korruption aufwiesen, in denen zugleich aber zivilgesellschaftliche Gegenbewegungen keimten, welche spätere Reformen in Richtung demokratischer Verfassungen anbahnten. Einladende waren *Goethe*-Institute sowie einzelne Forscher und Universitätsinstitute, die mit Wissenschaftseinrichtungen unseres Landes kooperierten. Man erwartete Berichte über kriminologische, kriminalpolitische, jugendrechtliche und strafvollzugskundliche Erfahrungen hierzulande, außerdem über meine Drogen- und Suchtforschung. Indirekt wollte

VII. Beispielhafte Erfahrungen auf Vortragsreisen

man gelegentlich zudem Anregungen und Unterstützung erhalten für kriminalpolitische Ansätze der erhofften oder bereits beginnenden Reformdiskussion.

1. Brasilien 1981, Argentinien und Uruguay 1983

Zwei Vortrags- und Forschungsreisen führten nach Brasilien, dann nach Argentinien und Uruguay. Zur politischen Situation dieser Länder damals:

Chile hatte das härteste Militärregime unter General *Pinochet*. Bezeichnenderweise hatte man mich kurzfristig wieder ausgeladen. In *Brasilien* bestand nach dem auch von der CIA mit zu verantwortenden Militärputsch unter General *Castelo Branco* von 1964 bis 1985 ein Militärregime, dessen Repression sich zur Zeit des Besuchs schon abschwächte, ohne noch eine wirkliche Opposition zuzulassen. Erst die von Präsident *Lula da Silva* 2010 einberufene Wahrheitskommission hat Ausmaße von Mord, Folter, Todesschwadronen und das Verschwinden-Lassen Oppositioneller öffentlich gemacht. Für den Besucher wurden militärische Disziplin und Korruption in vielen Einrichtungen erkennbar. Ebenso die gewaltigen sozialen Gegensätze: Millionen Abandonados – verlassene Kinder – , erbärmlichste Favelas an Berghängen oder in Sumpfgegenden von Großstädten unmittelbar grenzend an übermoderne, luxuriöse Hochhausarchitektur.

1. Brasilien 1981, Argentinien und Uruguay 1983

In *Argentinien* bahnte sich zur Zeit des Besuchs der Rücktritt der Militärjunta mit nachfolgenden ersten Wahlen an. Nach dem Militärputsch von 1976 hatte ein ultrarechts-nationalistisches Regime Staatsterror ausgeübt und zehntausende Oppositioneller Folter und Mord in Gefängnissen ausgesetzt, ebenso viele verschwinden lassen sowie den gescheiterten Falklandkrieg geführt. Verantwortliche wurden großenteils nach und nach strafjustiziell zur Rechenschaft gezogen. Während der Reise gab es etwa in Buenos Aires Protest durch die „Madres de la Plaza de Mayo" und in Córdoba einen erstmaligen Streik von Polizei.

Uruguay erlebte seit dem Putsch von 1973 eine Militärdiktatur. Alle linksorientierten Personen und Gruppierungen wie die „Tupamaros", die für eine gerechtere Verteilung des Grundbesitzes und soziale Reformen eintraten, wurden verfolgt, inhaftiert unter schlimmsten Haftbedingungen, gefoltert, getötet, verschleppt oder außer Landes getrieben. 1980 setzte verhalten der Demokratisierungsprozess ein. Während des dortigen Aufenthalts konnte man erste Demonstrationen erleben; Hausfrauen schlugen auf Kochtöpfe; Lichter gingen aus; plötzliche Verkehrsstille; Verhaftungen von Demonstranten. Besonders in Einzel- und Gruppengesprächen zeigte sich ein lang unterdrücktes, aufgestautes Mitteilungs- und Informationsbedürfnis, das nach Ventilen sucht. Erst ein Generalstreik und Massenproteste ließen 1984

VII. Beispielhafte Erfahrungen auf Vortragsreisen

die Militärregierung einlenken; es kam zu demokratischen Wahlen.

Der Gast empfand die Reisen als stetes Geben und Nehmen. Nach einer Art Schneeballsystem wurde man in sonst schwer erreichbare Institutionen vermittelt; man begegnete bekannten, ebenso unbekannten oder gemiedenen Persönlichkeiten, die sich um Jugend und Straffällige bemühten, die mit Schwierigkeiten unter polizeistaatlichen Bedingungen kämpften, die neue Wege der Sozialarbeit beschritten, die für das Recht eintraten. Offizielle Besuche in Strafanstalten, Jugend- und Therapieeinrichtungen wurden ergänzt durch informelle, mitunter mühsam angebahnte Gespräche mit Richtern, Pfarrern, Sozialarbeitern, Künstlern, ehemaligen und gegenwärtigen Gefangenen, auch Dissidenten.

Nur wenige Erlebnisse und Persönlichkeiten können beispielhaft angedeutet werden. Sie stehen für Fehlentwicklungen einerseits, Mut, Chancen und Innovation andererseits:

- Teils bedrückend, teils beeindruckend ist das Bild vom damaligen Strafvollzug in diesen Ländern. So fand ich in Brasilien herkömmliche, offiziell auf Sicherheit und Ordnung, tatsächlich auf Korruption und Subkultur gründende, militärisch straff, an der Spitze von einem Offizier geleitete, übervölkerte, repressiv ausgestaltete Großgefängnisse. Es überraschte mich nicht, dass ich nach meiner Rückkehr mehrmals von blutig verlaufenen Revol-

I. Brasilien 1981, Argentinien und Uruguay 1983

ten und Massenausbruchsversuchen aus Gefängnissen vernahm, die ich besucht hatte. Daneben lernte ich reformerisch ausgerichtete, zivil geleitete, menschenwürdige Anstalten, beispielsweise solche für Frauen, kennen; mitunter stützten sie sich auf eine erhebliche personelle Beteiligung kirchlicher Einrichtungen.

- Exemplarisch Beobachtungen in Argentiniens Gefängnis „Unidad 1 – Pichincha": Die neue Anstalt wurde mit US-amerikanischer Hilfe in Buenos Aires errichtet. Winzige Einzelzellen waren nach amerikanischem Vorbild mit „Grill Doors" ausgestattet – durch die Gitter können Gefangene Tag und Nacht von den Gängen aus beobachtet werden; nur von dort kommt auch das Licht; Intimität ist ausgeschlossen – der Eindruck menschlicher Zoos. Mit großer Liebe zeigte mir der Sicherheitschef den „Bauch" des Gefängnisses, technische Anlagen, Vorräte, gar eine Zelle mit Kühlvorrichtungen für mehrere Leichen. Dieser Besuch des Kellers der Anstalt sollte mich offenkundig ablenken von Beobachtungen und Gesprächen bei Inhaftierten, vor allem den politischen Gefangenen im obersten, dem 18. Stock. Eine Richterin ermöglichte mir später verdeckt, an der Vernehmung eines solchen „Politischen" teilzunehmen, über dessen Beschwerde sie zu entscheiden hatte und der über Foltererlebnisse berichtete. Die Richterin tat das unter großen persönlichen Risiken. Einsetzende Lockerung des Regimes ließ zu

VII. Beispielhafte Erfahrungen auf Vortragsreisen

der Zeit erste Gefangenen-Hilfs-Komitees entstehen wie das „Movimiento Nacional Justicialista", eine Gefangenen-Selbsthilfe-Organisation.
- Ermutigend war es, private und innovative Projekte in der Jugend- und Straffälligenhilfe kennenzulernen. Z.B. das erste Kinderdorf „Barrio Sta. Margarita" bei Córdoba des bei dem Besuch schon alten, kranken Padre *Lucchese*. Damals sahen 200 Kinder in ihm ihren Vater. Alltagsarbeit lag in den Händen des ehrenamtlichen Mitarbeiterstabs. Neuerdings wurden auch alte hilfsbedürftige Menschen aufgenommen. Besonderes Anliegen war zugleich umweltfreundliche Nutzung von überflüssigem oder weggeworfenem Gut.
- In Curitiba suchte ich das „Programa Themis" auf, ein Projekt ehrenamtlicher Bewährungshilfe, das wesentlich getragen wurde von Studierenden der Rechts- und Sozialwissenschaften. Die Tätigkeit wird bescheiden mit einer Studienbeihilfe unterstützt, zugleich als Praktikum in das Studium einbezogen und mündet oft in eine Examensarbeit. Ähnliches gilt für argentinische Beispiele, Rechtsstudierende als Helfer des Jugendgerichts oder „Jugendpolizisten" einzusetzen: Schritte zu einer auch bei uns möglichen Anreicherung sonst praxisferner theoretischer Studiengänge.
- Außerdem lernte ich ein Modellprojekt „Teamarbeit im Jugendgericht" kennen. Es vereint Funktionen und Personen des Jugendhilfe-, Vormundschafts- und Jugendstrafrechts. In ständiger Tuch-

I. Brasilien 1981, Argentinien und Uruguay 1983

fühlung arbeiten, losgelöst von der ordentlichen Gerichtsarbeit, Justizjuristen, Sozialarbeiter, Jugendpsychiater u.a. zusammen. Das Projekt war noch breiter angelegt als etwa die jetzt in Hessen eingerichteten „Häuser der Jugend".
- In Montevideo hatte ich eine besondere Begegnung mit einer ehemaligen, wegen ihrer regimekritischen Haltung aus Universitätsdiensten entlassenen Strafrechtsprofessorin: *Adela Reti*. Sie ist ein Beispiel für mutiges Wirken auf einer zweiten, verborgenen Kulturebene. Sie gründete die „Fundacion de Cultura Universitaria". Schwer erreichbare in- und ausländische Lehrmaterialien, Gastvorträge und regelrechte Vorlesungen wurden gegen bescheidenes Entgelt aufgeschlossenen Studierenden vermittelt. Sie wirkte 1983 außerdem in einer Menschenrechtskommission mit, die über Haftbedingungen in Militärgefängnissen des Landes aufklärte und Rechtshilfe für Opfer der Repressionen vermittelte. Das alles unter stetem persönlichem Risiko. So verwunderte es mich nicht, zwei Jahre danach zu erfahren, dass sie wieder an die Universität und als erste Kultusministerin in eine neue, aus demokratischen Wahlen hervorgegangene Regierung berufen wurde.
- Letztes Beispiel von einem Tag in Uruguay: Morgens bei dem Dekan der Rechtsfakultät – einem vom Regime eingesetzten „Decano interventor"; unmittelbar danach eine akademische Feier mit Verleihung von Urkunden an Diplomierte und

VII. Beispielhafte Erfahrungen auf Vortragsreisen

Promovierte; Bitte des Dekans um eine Ansprache. Mich an die Gespräche über die „zweite Kulturebene" und mit Frau *Reti* erinnernd, hob ich hervor, dass Juristen allzeit Instrumente des Rechts nutzten, um Menschenrechte zu verwirklichen oder auch sie zu missachten; dazu ging ich auf gute und böse Beispiele aus unserer eigenen Vergangenheit ein. Ohne dass ich ein Wort über das Gastland gesagt hätte, sah sich der Dekan zu einem „Dementi" veranlasst: Das Recht sei hier in besten Händen. Abends dann der eingeplante Vortrag über Strafvollzug: voller Hörsaal trotz fehlender Werbung, offenbar schnelle Kommunikation über eine ungewöhnliche Diskussionsmöglichkeit, knisternde Atmosphäre. Abweichend vom Manuskript sprach ich wieder über Beispiele von Tradition, Fehlern und Reformen jüngster Zeit in unserem Strafvollzug. Wer wollte, konnte Parallelen zur Situation und Perspektive im Gastland ziehen. Mir war es vorbehalten, manche „Fremdwörter" unbefangen zu erwähnen, die auszusprechen dem aufgeschlossenen Auditorium versagt blieb. Nicht enden wollte die anschließende Fragestunde, der Einzelgespräche tags darauf folgten. Seit Jahren habe er solche Diskussionsfreudigkeit nicht mehr erlebt, so ein Kollege. Es lag auch an der Thematik und Brisanz der politischen Lage. Es zeigte mir, wie wichtig es ist, solche Chancen in „Schwellenländern" auf dem Weg zu Demokratie, Recht und Freiheit wahrzunehmen.

2. Türkei, 1983

Gleichermaßen bedrückend waren Eindrücke, die ich auf einer Vortragsreise im Rahmen von Fachtagungen in der Türkei Ende 1983 gewinnen konnte und die Parallelen ebenso wie Unterschiede zum gegenwärtigen autokratischen Regime andeuten. Einladende waren deutsche Kulturinstitute und Universitäten in Istanbul, Izmir und Ankara. Beispielhafte Beobachtungen zeigen Nähe, aber auch Diskrepanzen zwischen dem damaligen Militärregime des Generals *Evren* und der Politik des heutigen zunehmend autokratisch agierenden Präsidenten *Erdogan*.

- Auffallend war bereits die neutrale Bezeichnung des einladenden *Goethe*-Instituts als „deutsches Kulturinstitut". Eine Umbenennung hatte die Türkei verlangt im Hinblick auf das vom Kemalismus geprägte laizistische Prinzip der Nicht-Identifikation des Staates mit irgendwelchen religiösen oder weltanschaulichen Lehren. Mit *Goethe* wurden offenbar christlich-humanistische Ideen verbunden, die im Konflikt zu Vorstellungen *Mustafa Kemal Atatürks* bei der von ihm 1923 begründeten modernen Türkei stehen könnten. Freilich war das laizistische Prinzip von Anfang an fragil. Heutzutage zeigt sich dies darin, dass Präsident *Erdogan* in religiöser Sicht sogar eher das Gegenteil des kemalistischen Postulats anzustreben scheint: eine staatliche Re-Identifikation mit islamischen

VII. Beispielhafte Erfahrungen auf Vortragsreisen

Vorstellungen. Auch war das kemalistische Leitbild einer einheitlichen türkischen Kulturnation realitätsfremd. Das zeigte sich früher in diskriminierenden Haltungen gegenüber völkischen Minderheiten wie den Armeniern und Griechen, anhaltend im Umgang mit den Kurden. Zweifellos gehören die Kurden zu den ältesten Kulturvölkern überhaupt. Sie wurden und werden jedoch kulturell und politisch durch eine von autokratischen Machthabern wie *Evren* und *Erdogan* betriebene Zwangsassimilierung oder Ausgrenzung missachtet.

- Bezeichnend für politische Einflussnahme des Militärregimes auch auf international ausgerichtete wissenschaftliche Veranstaltungen war der Versuch amtlicher Stellen, den Titel der Symposien über Probleme von Alkohol und Drogen mit dem Namen *Atatürks* zu versehen. Erst diskrete Hinweise darauf, dies könnte als Anspielung auf dessen eigene Alkoholprobleme missverstanden werden, ließen diesen Versuch scheitern; der Staatsgründer war nämlich als passionierter Raki-Genießer bekannt und an Folgen einer Leberzirrhose 1938 verstorben.

Im Übrigen ist die Türkei in der Frage einer Alkohol-Prohibition gespalten. Unter *Erdogan* erstarken wieder prohibitive Tendenzen, während die osmanische Kultur seit alters traditionell das Trinken des Anisschnapses kannte. Islamische

2. Türkei, 1983

Textquellen zu einem Alkoholverbot werden unterschiedlich ausgelegt; entsprechend ungleiche Praktiken und Argumentationen erlebten wir vor Ort: Generelles Alkoholverbot, Verbot nur des Sich-Berauschens, Verbot lediglich des Weins, nicht anderer alkoholischer Getränke.

- In Istanbul angekommen erfuhren wir, dass der Leiter des Seminars, der international renommierte und unserem Land u.a. als ehemaliger *Humboldt*-Stipendiat wissenschaftlich stark verbundene Psychiatrieprofessor *Dr. Metin Özek* gerade vom Militärgericht zu acht Jahren Zuchthaus verurteilt und verhaftet worden sei. Tage zuvor hatte ich noch mit ihm korrespondiert. Er sollte – wieder einmal – mit vielen weiteren Intellektuellen des türkischen Friedenskomitees mundtot gemacht werden.

Das 1978 gegründete Friedenskomitee vereinte Ärzte, Rechtsanwälte, Journalisten, Künstler, Lehrer, die keiner Partei angehörten, schon gar nicht einer kommunistischen wie unsere damalige Friedensbewegung. Es setzte sich nicht für Klassenkampf oder Umsturz ein, lediglich für Abrüstung überall, auch im eigenen Land, wurde aber wie alle politischen und gewerkschaftlichen Zusammenschlüsse 1980 verboten. Alle prominenten Mitglieder wurden vor dem Militärgericht wegen Unterstützung der verbotenen kommunistischen Partei angeklagt, weil einige ihrer Forderungen wie die nach Abrüstung

VII. Beispielhafte Erfahrungen auf Vortragsreisen

den Forderungen jener Partei entsprachen. Solche Methode, politische Straftaten zu konstruieren, um kritische Meinungen zu kriminalisieren und ihre Protagonisten durch Verhaftung auszuschalten, wurde später wieder unter Präsident *Erdogan* angewandt auf Oppositionelle, die Gedankengut der verbotenen kurdischen Arbeiterpartei PKK wie etwa die Forderung nach kultureller Selbstständigkeit der Kurden vertraten, oder die der *Gülen*-Bewegung nahe standen. Unter *Erdogan* lauten die Anklagevorwürfe „Unterstützung von Terrororganisationen". Diese Auslegungsmethode liegt eindeutig außerhalb des strafgesetzlich Legitimierbaren; es verletzt ebenso eindeutig die auch in der EMRK verbriefte Meinungsfreiheit; es dient allein dazu, jeweilige Machthaber vor politischer Unbotmäßigkeit zu schützen. Insbesondere widersetzen sich türkische Autokraten allen keimenden Ansätzen, zivilgesellschaftliche Strukturen entstehen zu lassen.

Statt die Seminare zu boykottieren, entschieden sich mit mir zwei weitere Teilnehmer aus Westeuropa, über Hintergründe des Vorfalls zu recherchieren und bei Politikern in unseren Ländern auf politischen Protest und die Verbesserung der Lage Betroffener hinzuwirken. Wir konnten Bundeskanzler *Kohl* und den französischen Präsidenten *Mitterand* dafür gewinnen, die Sache auf höchster Ebene anzugehen. Erfolge waren zunächst gering: Haftbedingungen wurden verbessert. Erst nach mehreren Jahren und einer Gesamthaftzeit von einigen Jahren wurde *Özek* vom Militär-Kassationsgerichtshof endlich rehabilitiert, nicht zuletzt wohl wegen anhaltender Proteste und politischer Interventionen bei uns und in anderen NATO-Ländern. Er lehrte später wieder an der Universität und verstarb 2010.

Zweierlei bleibt anzumerken gegenüber der hier angestrebten Aufklärung über Gefahren für die Meinungsfreiheit und unabhängige Berichterstattung:

Zum einen muss man in allen auch demokratisch verfassten Gesellschaften immer mit Gefahren für Meinungs- und Pressefreiheit sowie subtilen Methoden rechnen, sie zu unterlaufen. Erinnert sei nur an die „Spiegel-Affäre" bei uns 1962, selbst wenn das Bundesverfassungsgericht bei Stimmengleichheit im Senat nicht einen verfassungswidrigen Eingriff durch Regierungsstellen in die Pressefreiheit festgestellt hat. Außerdem müssen wir in nötiger Selbstbescheidung anerkennen, dass Menschen- und Grundrechte sowie wichtige Spielregeln erwünschter Demokratie in unterschiedlichen Ländern und Kulturen nie übereinstimmend verstanden werden. Es gibt nicht bei allen Einzelfragen generell gültige Maßstäbe für das „Richtige".

Zum anderen können selbst unabhängige Presseorgane in unserer Demokratie nicht immer freizügig recherchieren und berichten über konkrete Erkenntnisse zu Verletzungen von Pressefreiheit und Menschenrechten in autokratisch regierten Ländern. So hatte ich einen kritischen Bericht über meine Erfahrungen und Recherchen in der Türkei nur schwer

VII. Beispielhafte Erfahrungen auf Vortragsreisen

in unseren Printmedien unterbringen können. Große Zeitungen, für die ich sonst geschrieben hatte, reagierten abweisend; immerhin erklärte mir das ein Redakteur offen damit, man gefährde sonst das Wirken eigener Korrespondenten in jenem Land. Eine regionale Zeitung übernahm dann den Beitrag, weil sie keine entsprechenden eigenen Auslandskorrespondenten hat (*Kreuzer* 1984).

3. Südostasien 1990

Gemischte Eindrücke von politischen Entwicklungen, kriminalrechtlichen Institutionen und therapeutischen Einrichtungen für suchtkranke Straftäter hatte ich auf einer ebenfalls von *Goethe*-Instituten getragenen und gemeinsam mit einem Drogenbeauftragten durchgeführten Vortrags- und Forschungsreise nach Manila, Singapur, Bangkok und Kuala Lumpur. Fast überall war die politische Lage instabil. Selbst wenn es sich formal um Demokratien handelte, waren doch Unruhen so stark, dass deren Beseitigung zu befürchten war. Das gilt unabhängig davon, dass demokratische Systeme immer um Bestand und Akzeptanz bemüht sein müssen, dass sie nicht überall gleich sein können, dass man insonderheit in asiatischen Ländern kollektivere Vorstellungen von Grund- und Menschenrechten hat als die bei uns vorherrschenden, sehr auf das Individuum bezogenen.

- Die Philippinen waren zu der Zeit unter Präsidentin *Aquino,* die nach Ablösung des Militärdiktators *Marcos* eine Demokratisierung des Landes versuchte, in einem politisch labilen, wirtschaftlich nahezu desaströsen Zustand. Enttäuschung über ausgebliebene Landreformen, Inflation und anhaltende Korruption ließen jederzeitige Putschversuche befürchten; wegen eines derartigen Versuchs auf einer südlichen Insel musste unser Besuch vorzeitig abgebrochen werden.

Wir erlebten es so: Unsere Unterkunft, das renommierte Manila-Hotel, glich einer bewachten Wohlstandsinsel mitten im Meer sozialen Elends. Gegen Expertenrat wagte man sich allein nach draußen. Man lernt, die Augen vor der Armut zu verschließen – schon zum eigenen Schutz. Überall nisten sich Notunterkünfte an Bäumen, Mauern, Kanälen ein, zurechtgezimmert aus bloßen Blech-, Holz- oder Plastikplanen, womöglich schon vom nächsten Monsunregen weggeschwemmt. Trotzdem nahmen wir in solchen Slums beispielgebende Selbsthilfe, im Kern getragen von kirchlichen Gruppierungen und Stiftungen, wahr und gelegentlich Selbstermutigung, etwa im traditionellen Hahnenkampf: In manchem freien Winkel trostloser Behausungen hörte man einen Hahn, festgebunden an einem Pflock, des nächsten sonntäglichen Hahnenkampfs harrend, wo dann die Männerwelt ganz unter sich Geld auf das Federvieh setzt und leidenschaftlich spielt. Mitten im

Slum erkennbar zudem eine winzige „Basis-Kirche", die sich mit den Ärmsten solidarisiert. Philippinos sind fromm; das reicht bis zu Karfreitagsritualen, sich ans Kreuz schlagen zu lassen, aber zu überleben.

In den Slums sieht man Jungen, die aus Plastiktüten Lösemittel, Hustensaft und Shabu – eine Amphetaminzubereitung, Droge der Armen – „schnüffeln". Manche gelangen in ein kirchliches Betreuungsheim für drogenabhängige Kinder und Jugendliche. Dort ist jegliches Dealen verboten. Während unseres Besuchs verstößt ein Junge dagegen und wird der Polizei übergeben. Bald kommt er zurück. Befragt, wie das möglich sei, gibt er zu, der Polizei die Hälfte seines Deal-Erlöses abgegeben zu haben, dafür freigelassen worden zu sein. Amtlich wird eingeräumt, der größte Teil beschlagnahmter Drogen wandere wieder zurück in den illegalen Markt.

In unseren Seminarveranstaltungen für staatliche oder von Kirchen und NGO´s getragene Beratungs- und Hilfsstellen herrscht ein erfrischendes Diskussionsklima, ein Zeichen doch schon wachsenden demokratischen Bewusstseins. Solche gehobene Streitkultur erleben wir selten auf der Reise, höchstens noch in der Universität von Kuala Lumpur in Malaysia.

Strafen für Drogentäter sind weniger rigide als andernorts, aber auch hier kaum individualisiert, wesentlich auf die jeweilige Drogenart und -menge bezogen. Drogenabhängige können zwar in Therapieeinrichtungen vermittelt werden; es sind jedoch

Zwangsinstitutionen mit militärischem Drill, nicht geeignet psychosozialen Störungen zu entsprechen.

Bleibt zu ergänzen, dass es gerade auch in der Drogenpolitik später wieder Rückschritte gab, ganz krass unter dem Präsidenten *Rodrigo Duterte* (von 2016 bis 2022). In seinem „Krieg gegen die Drogen" forderte er „Todesschwadronen", die ohne Gerichtsverfahren sogleich vermutete Drogenhändler erschießen sollen; es soll zu vielen Tausenden außergerichtlicher Tötungen durch Polizei oder Private gekommen sein, weshalb der Internationale Gerichtshof zeitweilig damit befasst war. Es bleibt abzuwarten, ob der neue Präsident – Sohn des ehemaligen Diktatotors *Marcos* – mehr tendieren wird zum Regierungsstil seines Vaters oder demokratische Erneuerungen wiederbelebt.

- Anders die Lage im kleinen Stadtstaat Singapur: Eine Oase von Wohlstand, Sauberkeit, Ordnung, Stabilität mit Religionsvielfalt vom Taoismus über Buddhismus, Hinduismus bis zu Islam und Christentum. Keine Slums, kaum Arbeitslosigkeit, wenig Korruption dank gut bezahlten Beamtentums. Eine blühende Hafen- und Finanzmetropole. Aber zu welchem Preis? Keine Aufnahme von Flüchtlingen, nur zeitlich begrenzter Aufenthalt von Gastarbeitern, Abweisung aller Malayen, Prohibition sogar bei Nikotin, Strafbarkeit des Wegwerfens von irgendetwas oder Rauchens in Verbotszonen.

VII. Beispielhafte Erfahrungen auf Vortragsreisen

Und dennoch Drogenprobleme: Damals Festnahme von 5000 Heroinabhängigen in einem Jahr; anhaltend obligatorische Todesstrafe für Besitz von über 15 Gramm Heroin oder 200 Gramm Haschisch (Singapur gehört mit Malaysia und Thailand zu den dreißig Staaten, die noch heute diese Strafe für Drogenhandel vorsehen); rigorose Strafen, die einzig nach Art und Menge der Drogen bestimmt werden – totale „Strafverunzung"; Haft bis zu vier Jahren ohne Gerichtsurteil möglich; Meldepflicht bei jeglichem Drogenkonsum für Berater, Therapeuten, sogar Eltern; Zwangsunterbringung; im Selarang Center sind 5500 Drogenkonsumenten bei militärischem Drill untergebracht; Privatheit, Intimität ausgeschlossen, sogar in der Toilette.

Aktuell löst die rigide Drogenpolitik durch eine forcierte Wiederaufnahme von Hinrichtungen wegen Drogenbesitzes zu Tode Verurteilter in Singapur bei Menschenrechtsorganisationen weltweit Unverständnis und heftige Kritik aus. Im Juli 2023 wurde sogar erstmals seit 2004 wieder ein Frau hingerichtet; die 45-Jährige war 2018 zum Tode verurteilt worden wegen Besitzes von gut 30 Gramm Diamorphin; während der Corona-Epidemie hatte man aber auf Exekutionen verzichtet; nunmehr sind 2022/23 bereits bei 15 verurteilten Drogentätern die Todesstrafen vollstreckt worden (*Fähnders 2023*) . Das alles trotz international gesicherten Wissens über mangelnde abschreckende Wirkung solcher Hinrichtungen und über weitaus geringere Schwere der Taten

3. Südostasien 1990

im Vergleich etwa zu Tötungs- und anderen Gewaltdelikten; zudem weiß man, dass viele solcher Täter und Täterinnen unverschuldet sozialem Elend entstammen, dem sie durch Drogengeschäfte zu entgehen versuchen.

- Zuletzt Bankok, Moloch mit etwa 11 Millionen Bewohnern und Zentrum des wirtschaftlich aufblühenden Schwellenlandes Thailand. Eine konstitutionelle Monarchie, immer wieder mal von Militärputschen und stets von Korruption heimgesucht. Die Demokratie ist auch hier fragil. Neben beachtlichem Handel, wachsender Industrie, liebenswerten Straßen- und Flussmärkten in der Hauptstadt sowie traditionsreichem, buddhistisch geprägtem buntem Kulturleben unverkennbare Symptome sozialen Elends: Nicht zuletzt viele Heroinkonsumenten, deren Abhängigkeit durch den erheblichen Wirkstoffgehalt der dort dominierenden Droge in einem ihrer Hauptherkunftsländer beschleunigt wird.

Wir versuchen deutsche Gefangene im Zentralgefängnis zu sprechen und stehen im Besuchshof, der wie ein Käfig anmutet. Besucher drücken sich an den äußeren der beiden Metallgitterzäune, die den zwei Meter breiten Laufgang begrenzen. Sie müssen brüllen, um sich verständlich zu machen. Von der Botschaft vermittelt ist ein Platz am Zaun für uns reserviert. So können wir uns mühsam verständigen mit mehreren deutschen wegen Drogenbesitzes inhaftierten und zu Strafen zwischen 15 und 30 Jahren Verurteilten. Auch hier Strafhöhen nach Mengen der Drogen bemessen; Verdoppelung der Strafe bei Nicht-Geständigkeit; allerdings keine Todesstrafe seinerzeit, inzwischen jedoch wieder eingeführt. Haftbedingungen sind für Europäer schwer erträglich. Zwanzig Männer teilen sich den bloßen Betonboden eines vierzig Quadratmeter großen Schlafraums. Ein Trog im Freien dient als Dusche. Unzureichendes Essen. Kein Sozialdienst. Miserable hygienische Verhältnisse. Von Pilzbefall bis Tuberkulose übertragen sich Krankheiten und Seuchen rasch. Nationalitätenkonflikte, Korruption, Subkultur, Vergewaltigung und Drogenhandel prägen den Gefängnisalltag. In der Frauenhaftanstalt sprachen wir mit einer deutschen Gefangenen; dort schienen die Haftbedingungen noch weniger erträglich.

Wir mussten gegenüber der Bundesregierung monieren, dass sie allzu lange ein Überstellungsabkommen verzögert hatte. Die Begründung war juristisch korrekt, menschlich nicht: ein Abkommen müsse auf Gegenseitigkeit beruhen und die Thais müssten zuvor die Mindeststandards für die Behandlung Strafgefangener umsetzen, ehe man thailändische Gefangene im Austausch gegen deutsche dorthin überstellen könne. (Weiteres bei *Kreuzer* 1991)

4. Iran 2002

Auf Einladung des Justizministeriums der Islamischen Republik Iran nahm ich mit elf anderen Experten aus drei westeuropäischen und vier asiatischen Ländern an einer internationalen Konferenz über Drogenpolitik teil. Sie stand im Zeichen der damals von Präsident *Mohammed Chatami* in seiner Regierungszeit (1997-2005) angestrebten Liberalisierung und Demokratisierung des „islamischen Gottesstaates". An der Konferenz teilzunehmen diente zugleich dem Zweck, solche Reformbestrebungen zu stützen und Wissenschaftsaustausch zu fördern. Auf der Konferenz wurden weiter bestehende Spannungen zwischen Reformern und beharrlichen islamistischen Kräften überdeutlich. Letztlich scheiterten die Reformansätze wieder spätestens nach dem Wechsel im Präsidentenamt 2005 von *Chatami* zu *Achmadinedschad*. Die Situation der Frauen, unabhängig arbeitender Journalisten, religiös abweichend Orientierter und aller Regime-Kritiker, die Achtung der Menschenrechte schlechthin hat sich seither bis in jüngste Zeit stetig verschlechtert (*Topa 2020*).

Die Tagung vereinte 400 Teilnehmende: Wissenschaftler, Richter – auch aus Religionsgerichten, denen Drogenstrafsachen zugeordnet sind – , Kleriker, Politiker und post-graduate-students. Rahmenbedingungen waren freundlich trotz spürbarer starker Kontrolle. Fast jede Begegnung, auch zu zweit, wurde fotografiert, und wir erhielten als Geste des Gast-

VII. Beispielhafte Erfahrungen auf Vortragsreisen

gebers zahlreiche Fotos; Eingeweihte klärten uns auf, dass dies in erster Linie der Überwachung geschuldet war, um anschließend prüfen zu können, wer mit wem gesprochen hat. Von einigen Teilnehmern aus gehobenen sozialen Milieus wurde uns berichtet, dass selbst in ihren nach außen befriedeten Privathäusern gelegentlich Sittenwächter erschienen und kontrollierten.

Anfang 2023 wurden als Zugeständnis des Religionsführers *Khamenei* angesichts jüngster, anhaltender, dem Mullah-Regime gefährlich erscheinender Massenproteste die Abschaffung der Sittenpolizei und ein Überdenken des strikten Kopftuchgebots für Frauen angekündigt; jedoch lässt man nicht an den Religionsgerichten rütteln; diese setzen erneut willkürlich, politisch missbräuchlich wie früher in den achtziger Jahren Todesstrafen und Exekutionen ein gegen Demonstranten wegen sogenannter Verbrechen des „Krieges gegen Gott" (Moharebeh) oder „Verdorbenheit auf Erden" (insbesondere „Verbreitung von Lügen"), stoßen dabei indes auf Widerstand auch in den eigenen Reihen (*Hermann 2022*). Selbst jene für Frauen in Aussicht gestellten Lockerungen der Überwachung sind indes Mitte 2023 sogleich wieder einer noch weiter verschärften Kontrollpolitik gewichen, weil sich die Machthaber vor allem durch zunehmende mutige öffentliche Proteste von Frauen bedrängt sehen. Die Sittenpolizei ist sogar reaktiviert worden. Frauen ohne Kopftuch werden aus Hochschulen und Verkehrsmitteln ausgeschlossen. Technologisch gestützt findet eine Massenüberwachung der Einhaltung von Sittennormen statt. Das Strafrecht wird noch weiter verstärkt gegenüber Frauen, die von Sittennormen abweichen, oder Personen, die sie dabei unterstützen oder auch nur deren Verhalten dulden. (*Amnesty International* 2023)

Das Diskussionsklima bei der Konferenz war spannend und gespannt. Jede Rede, jedes Statement iranischer Teilnehmer wurde mit der Anrufung Allahs des Allmächtigen und Barmherzigen eingeleitet, doch ließen anschließende Ausführungen manchmal gar nichts von Barmherzigkeit spüren. Besonders beeindruckte, dass sogar Richter von Religionsgerichten mitunter sehr mutig aufgeklärtere Positionen vertraten. Man munkelte über geplante Justizreformen und Beschränkungen der Zuständigkeit dieser Gerichte. So äußerte ein Richter Kritik an der rigiden Todesstrafe für wegen des Besitzes bestimmter Mengen von Heroin Verurteilte; auf deren persönliche Schuld und schwierige soziale Lage in Elendsvierteln, ferner auf Auswirkungen des Verfahrens auf deren Familien werde oft keine Rücksicht genommen; es bestehe sogar die Gefahr von Fehlurteilen wegen der Beweislastumkehr, die nur verlange, entsprechenden Drogenbesitz nachzuweisen und dem Beschuldigten einen Entlastungsnachweis auferlege, etwa zu der Einlassung, selbst nicht Handel betrieben oder aus Verzweiflung in existentieller Not einen Transport übernommen zu haben. Der Iran war damals eines der wichtigsten Transitländer für Opium

VII. Beispielhafte Erfahrungen auf Vortragsreisen

und Heroin. 50 Prozent der Gefangenen waren wegen Drogenhandels inhaftiert.

Großzügig war das den ausländischen Gästen gewährte anschließende Kulturprogramm. Es führte in die an Sehenswürdigkeiten reichen Städte Isfahan und Shiras mit dem alten Persepolis. Reiches kulturelles Erbe mit Moscheen, Palästen, Basaren, großzügigen Parks und antiken Ruinen tat sich auf. In Shiras gedachte man an dem von herrlichen Gärten und Wasserfällen umrahmten Mausoleum des als größter persischer Dichter verehrten *Hafiz Shiraz* aus dem 14. Jahrhundert. Dessen Gedichte-Sammlung „Diwan" wird als sufistisch-islamisch-mystisch eingeordnet. Sie inspirierte viele spätere Dichter, namentlich *Goethe* zu dessen West-östlichem Diwan. Darin baut *Goethe* Brücken zwischen Orient und Okzident; auch huldigt er wie *Hafiz* dem Wein und dem Dichten unter seinem Einfluss. Das kontrastierte zu dem uns im Iran und auf der Tagung vermittelten strikten religiösen Verbot des Trinkens oder Sich-Berauschens.

Wo immer junge Menschen und insbesondere junge Frauen uns bei Rundgängen oder auf der Konferenz als Westeuropäer erkannten, suchten sie das Gespräch, Information und Antworten auf sie berührende Fragen wie Kopftuchzwang und Emanzipation. Wegen des „Begleitschutzes" antwortete ich nur vorsichtig in dem Sinne, jede Frau solle darüber selbst entscheiden dürfen.

5. USA 2001 – „Nine Eleven" und Gefahren auch in einer Demokratie für Missachtung von Menschenrechten und Völkerrecht

Wenn nun von einer Vortrags- und Forschungsreise in die USA 2001 berichtet wird, dann passt dies nur bedingt in den Kontext der vorangegangenen Schilderungen von Eindrücken auf Reisen in totalitäre oder jedenfalls noch nicht (wieder) stabil demokratisch verfasste Staaten. Trotz vieler Spannungen in Staat und Gesellschaft stellen die USA eine bislang verlässliche Demokratie dar; sie war sogar vielfach ein Vorbild für andere Länder weltweit.

Aber trotzdem muss auch in Amerika – wie in jeder Demokratie – stets und immer wieder neu Überzeugungsarbeit für demokratische Grundsätze und Haltungen geleistet werden; sie können jederzeit bei entsprechend unberechenbaren Großereignissen sowie wegen gesellschaftlicher und politischer Spaltungen ins Wanken geraten. Aus historischer Sicht lassen sich Symptome erkennen, die totalitäres Denken prägen, den Bestand der Demokratie gefährden können, beginnend mit verbalem Herbeireden kriegerischer, Völkerrechts-missachtender Aktionen bis hin zu deren Verwirklichung durch verantwortliche Politiker. Das Beispiel der USA im Umgang mit „Nine Eleven" ist lehrreich für alle Demokratien, denn überall können vergleichbare verführerische Situationen eintreten; man denke nur an neuere totalitäre, rechtsextreme und antisemitische Äußerungen,

VII. Beispielhafte Erfahrungen auf Vortragsreisen

Personen, Gruppen, politische Parteien bei uns und in manchen europäischen Nachbarländern, etwa im Zusammenhang mit Flüchtlingsbewegungen.

Gefahren für eine an sich stabile Demokratie haben sich später erneut und noch drastischer als im Zusammenhang mit „Nine Eleven" in der Ära des Präsidenten *Trump* gezeigt. Sie bleiben aktuell. Experten sehen demokratische Standards und den gesellschaftlichen Zusammenhalt gegenwärtig und besonders im Blick auf die bevorstehende nächste Präsidentschaftswahl auf dem Prüfstand und stärker gefährdet als über viele Jahrzehnte zuvor, befürchten gar bürgerkriegsähnliche Situationen. Tradierte politische und gesellschaftliche Spaltungen haben sich in und nach der *Trump*-Ära fortgesetzt, wohl sogar vertieft. Dazu gehören die rassisch-ethnischen Konflikte und Vorurteile, die weltweit einzigartige Bewaffnung von Bürgern und entsprechende Gewaltkriminalität (*Kreuzer* 2020), neuerdings sich über soziale Medien und andere Kommunikationswege verbreitende Verschwörungstheorien, insbesondere zuletzt die von *Trump* nach wie vor gestreuten, als Lügen erwiesenen, von vielen jedoch für wahr gehaltenen Behauptungen von einem „gestohlenen Wahlsieg" bei der Präsidentenwahl 2020, verbunden mit kriminellen Aktivitäten, die im Angriff auf das US-Kapitol am 06. Januar 2021 gipfelten. Wie stark die Demokratie unter Druck geraten ist, zeigen die Ergebnisse von Umfragestudien, wonach fast zwei Drittel aller Anhänger der Republikanischen Partei und ein Drittel der Wählerschaft insgesamt jene Behauptungen für zutreffend halten und trotz inzwischen dreier eingeleiteter Strafverfahren gegen den ehemaligen Präsidenten – u.a. wegen Versuchs der Wahlfälschung und Verschwörung gegen den Staat – ihn bei seiner erneuten Kandidatur für die Präsidentenwahl Ende 2024 weiterhin unterstützen würden. Strafrechtliche Vorwürfe, wie sie nach Vielzahl und Schwere noch nie gegen einen früheren Präsidenten erhoben waren, scheinen einen Teil der Bevölkerung eher in ihrem Glauben an eine von *Trump* verbreitete Strategie politischer und justizieller Hexenjagd, an politischen Missbrauch der Justiz zu bestärken. Entscheidend für den Ausgang der Strafverfahren wird vor allem sein, ob dem Angeklagten bewusstes Streuen von Lügen nachgewiesen werden kann oder ob er in geistiger Verirrung die „Fakes" tatsächlich verinnerlicht, sie für zutreffend gehalten hat. (Zum Ganzen z.B. *Blake, Dreisbach, Ross - a,b -, Kevin Sullivan, Ronald Sullivan* 2023).

Nun unmittelbar zu „Nine Eleven", das ich so in den USA seinerzeit erlebt habe (nach Tagebuchnotizen):

- Im September 2001 als Gastprofessor für ein kriminalpolitisches Seminar an unserer Partner-Fakultät in Madison/Wisconsin. Anschließend Kalifornien und ein Vortrag in Portland/Oregon.
- Dienstag, 11. September: Wir stehen spät auf; meine Frau war erst nachts aus Chicago gekommen.

VII. Beispielhafte Erfahrungen auf Vortragsreisen

Auf dem Weg zum Frühstück sehen wir Hotelbedienstete vor dem Fernseher sitzen. Offenbar Horror-Filme. Zusammenstürzende Hochhäuser. Na ja, die Wisconsin Badgers hatten gestern ihr Football-Spiel verloren; enttäuschte Fans unter den Hotelgästen waren abgereist; da kann man mal ausspannen und die wenigen verbliebenen Gäste etwas warten lassen.
- Nach dem Frühstück kurzer Weg zur Rechtsfakultät. Um 11 Uhr Beginn der Seminarsitzung. An meinem Office steht so um 10.30 Uhr – in New York ist es 11.30 Uhr – eine Studentin: Findet das Seminar statt? Warum denn nicht? Ob ich denn nicht von den Terrorangriffen gehört hätte? Sie führt mich in einen Saal. Gebannt blicken alle auf eine Bildwand: Endlosschleife der weltweit bekannt gewordenen Video-Sequenzen von den Twin Towers in New York und vom Pentagon in Washington. Großes Entsetzen, Scham über meine Nicht- oder Fehlwahrnehmung zuvor, Gefühl der Rat- und Hilflosigkeit; Bilder von Flugzeugen, die in den einen, dann den anderen Zwillingsturm rasten, von Menschen, die aus oberen Stockwerken in den Tod sprangen, von Leichenbergung, von in Rauch und Staub selbstlos tätigen Rettungskräften, schließlich vom Zusammenstürzen des einen, bald darauf des zweiten Turms.
- Jene „Horrorfilme" zeigten Realität. Nüchterne Daten dieser Stunden und Tage: 8.46 Uhr: American Airlines-Flug 11 von Boston nach Los An-

5. USA 2001

geles rast in den Nordturm des World Trade Centers. Vermutlich ein Unfall. Um 9.03 schlägt Flug 175 der United-Airlines auf gleicher Route im Südturm ein. Eine Evakuierung beginnt. Um 9.31 Uhr spricht Präsident *George W. Bush* von „augenscheinlichem Terroranschlag auf unser Land". 9.37 Uhr: Flug 77 der AA – in Washington DC nach L. A. gestartet – rast in das Pentagon. Startverbot und Landebefehl für alle Flüge in den USA. Bis 12.15 Uhr landen 4.500 Flugzeuge. Um 9.59 Uhr stürzt der Südturm ein. 10.07 Uhr: Flug UA 93 – Route Washington DC – L. A. – stürzt bei Shanksville ab; Passagiere hatten zuvor von Entführung und mutigem Kampf gegen die Entführer im Cockpit telefonisch berichtet; Ziele: Weißes Haus, Capitol? 10.28 Uhr: Der Nordturm sinkt in sich zusammen.

- Todes-Bilanz: Über 3000 Opfer, darunter alle 261 Passagiere, Flugbediensteten der vier gekaperten Flugzeuge und 19 Entführer, 343 Feuerwehrleute und 75 Polizisten; von den 17.400 Personen im Welthandelszentrum konnten sich 15.100 retten; im Pentagon 125 Tote. Erkenntnisse noch am Unglückstag über islamistischen Hintergrund und einen Haupttäter: *Mohammed Atta*, Mitglied einer Terrorzelle, bis zu seiner Ausreise in die USA Mitte 2000 Student und Diplomingenieur in Hamburg.
- Wir entscheiden: Das Seminar geht weiter. Wir gedenken der Betroffenen, sprechen über Folgen,

kriminalpolitische Konsequenzen. Bedrückung bei allen, besonders einem Studenten, der mir ankündigt auch morgen dabei zu sein, wenn nicht seinem im Pentagon beschäftigten Onkel etwas zugestoßen sei. Er kommt am folgenden Tag; der entsprechende Flügel des Pentagon war zuvor aus technischen Gründen geräumt. Ein Kollege an der Law School hatte dagegen seine Veranstaltung absagen müssen; unter den vielen Informations-Zetteln am Aushang war die Nachricht, er versuche nach New York zu gelangen, um das Schicksal seines im World Trade Center beschäftigten Bruders zu klären; tags darauf die erneute Absage seiner Vorlesung: Der Bruder gehörte zu den Opfern.
- 12. September – „The Day After": Verdacht nunmehr gegen Al Kaida und *Bin Laden*. Alle Namen der Hijacker sind bekannt. Anhaltende Diskussion über Bewertungen und (kriminal-)politische Reaktionen. Mein Seminar hat sich darauf fokussiert.
- 13. September: Vortrag des berühmten Anglisten *Stanley Fish* von der Chicago-University über „Holocaust-Leugnung". Auch hier Erörterungen des Terrorgeschehens. *Fish* musste das Auto statt des Flugzeugs für die Anfahrt aus Chicago nach Madison wählen. Im Autoradio hatte er die Ansprache von Präsident *Bush* gehört. Er rügte dessen „Kriegsrhetorik". Er warnte – ja, er prognostizierte treffsicher – , wer von „War on terror" spreche, werde tatsächlich Krieg führen, maßlos reagieren – aus Schwäche, nicht Überlegenheit.

5. USA 2001

- 14. September: Mein Seminar fällt aus: „National Day of Mourning". Alle Kirchen laden zu Gedenkgottesdiensten ein. Auf einer Wanderung am Lake Mandota suchen wir St. Mary´s Church auf. Wegen Andrangs fängt der Gottesdienst später an. Sehr würdig, friedensbetont, christlicher Botschaft verpflichtet die Predigt. Wieder die Warnung vor Vergeltung und Krieg als Antwort.
- Nächste Tage: Der Präsident konkretisiert die Kriegs-Rhetorik: „Jeder Staat...hat sich jetzt zu entscheiden: Entweder für uns oder mit den Terroristen. Von heute an wird jeder Staat, der weiterhin Terroristen beherbergt oder unterstützt, als Feind der USA behandelt werden." (Viel später – 2017 – bediente sich der türkische Ministerpräsident *Yildirim* unter Präsident *Erdogan* gleicher Rhetorik, wenn er proklamierte, sein Land sehe sich im Krieg mit jedem Land, das nichts gegen die *Gülen*-Bewegung unternehme.) Bundeskanzler *Gerhard Schröder* erklärt zu unserem Erstaunen am „Tag danach" im Bundestag, er habe dem amerikanischen Präsidenten „die uneingeschränkte – ich betone: die uneingeschränkte – Solidarität Deutschlands zugesichert." Erst ein Jahr später – vor dem Irak-Krieg – schränkt er ein: „Wir sind zu Solidarität bereit. Aber dieses Land wird unter meiner Führung für Abenteuer nicht zur Verfügung stehen."
- 14 Tage später widmet das führende Boulevardblatt „USA Today" die Titelseite weiteren Reaktio-

VII. Beispielhafte Erfahrungen auf Vortragsreisen

nen: Internationaler Kampf gegen Finanziers des Terrors einerseits, Diskussion um die Zukunft des zerstörten Bauwerks andererseits. Letzteres signalisiert: Das Leben geht weiter; wir lassen uns nicht erniedrigen. Deshalb fordert die Mehrheit den Wiederaufbau nach dem Motto „Bigger and better". Die Minderheit will sich auf ein „Memorial" beschränken; sie erachtet das vorherige Gebilde als „Ikone des amerikanischen Kapitalismus" und „leichtes Ziel für verrückte Zerstörungswütige". 2006 bis 2014 wird auf dem „Ground Zero" das „One World Trade Center" errichtet, mit 541 Metern höchstes amerikanisches Gebäude. Dazu eine Gedenkstätte.
- Weiterreise mit Umwegen und erheblichen Kontrollen. In San Francisco können wir die „Golden Gate Bridge" nicht betreten; angriffsgefährdete Monumente werden geschützt. Im Yosemite-Nationalpark fehlt der übliche Andrang, er wirkt fast wie ausgestorben. Trifft man Besucher, kommt sogleich das Gespräch auf „9/11". Mein Vortrag in Portland ist auf diese Thematik umgestellt. Das Thema beeinflusst seither ebenso die gesamte Kriminalpolitik in Amerika und Europa.

Nun zu kriminal-, gesellschafts- und allgemein-politischen Einschätzungen von „Nine Eleven" und den Konsequenzen:

Die Terrorakte von 2001 sollten wie jene um 2016 in Paris, Nizza oder bei uns in Ansbach als

5. USA 2001

Massenmord-Kriminalität mit überwiegend islamistischer Zielsetzung gewertet werden. Verweist man vorschnell auf „Krieg", entledigt sich Politik der Fesseln rechtsstaatlicher Strafverfolgung, menschenrechtlicher Standards, des Verhältnismäßigkeitsgebots. Terror als Kriegserklärung zu werten und darauf mit „War on terror" zu reagieren, hat Konsequenzen ungeahnter Dimensionen und Verwerfungen. Am Beispiel „9/11" kann man sie aufzeigen:

Wer eine Kriegs-Antwort verkündet, muss sich treu bleiben, also Krieg führen. So geschehen in Afghanistan und Irak. Kriege muss man gewinnen. Aber wer wollte behaupten, diese Kriege seien gewonnen worden? Bei der Invasion in Afghanistan schon im Oktober 2001 konnte sich *G. W. Bush* immerhin noch annähernd auf eine Resolution des UN-Sicherheitsrats stützen, die militärische Invasion also als Akt der Selbstverteidigung gegenüber der von den Taliban unterstützten Terrororganisation Al Qaida legitimieren. Doch waren Folgen nicht bedacht: Wie baut man ein funktionstüchtiges staatliches System auf, wenn das Taliban-Regime entmachtet ist? Wie kann man in einer traditionellen Stammesgesellschaft verfeindete ethnische, politische, religiöse Gruppierungen befrieden? Wie lassen sich politisch-wirtschaftlich-sozial erträgliche Verhältnisse schaffen, die fortgesetzten terroristischen Bestrebungen den Boden entziehen? Bis heute ungelöste Probleme in Afghanistan.

VII. Beispielhafte Erfahrungen auf Vortragsreisen

Die „Eigendynamik der Kriegs-Semantik", die Folgen einer vorschnellen Kriegs-Einordnung zeigen sich besonders am Beispiel des von *Bush* mit einer „Koalition der Willigen" ohne Mandat des UN-Sicherheitsrats 2003 geführten Kriegs gegen den von *Saddam Hussein* geführten Irak. Da *G. W. Bush* von vornherein außer Al Qaida auch den irakischen Diktator als für den Terrorakt verantwortlich eingestuft hatte, suchte er nach einer plausiblen Legitimation. Ein „Office of Special Plans" sollte Indizien zusammenstellen, die belegten, *Saddam* verfüge über verbotene Massenvernichtungswaffen und trainiere Al-Qaida-Terroristen. Es gab allenfalls Vermutungen, keinerlei Beweise. Dennoch wurde es als Gewissheit der Weltöffentlichkeit vermittelt, und zwar so nachdrücklich, dass sich Premierminister *Blair* dem Ansinnen der USA nicht versagte. Die Anschuldigungen erwiesen sich nach dem Krieg als haltlos. *John Hagan* (2015) – ehemals Präsident der Amerikanischen Kriminologischen Gesellschaft – resümierte später bemerkenswert offen: „Mehr als eine Dekade nach der Invasion und Okkupation des Irak scheint es geklärt, dass dies ein krimineller Angriffskrieg war." Das gelte auch, wenn man die Maßstäbe des Nürnberger Kriegsverbrecher-Tribunals anlege. Die politischen Verwerfungen im Irak und im nahen Osten sind nicht zuletzt als Folgen der verfehlten Einordnung von „9/11" als Krieg anzusehen.

5. USA 2001

Die Wahl des Kriegs-Paradigmas im Kampf gegen Terror verführt zugleich zum Einsatz kriegerischer Mittel gegen Terror-Verdächtige.

- Erstes Beispiel: „Waterboarding" – eine Foltermethode simulierten Ertränkens. Aus einem Dokument der CIA: „Zur Anwendung des Waterboarding wird der Gefangene so auf eine Bank gebunden, dass seine Füße gegenüber dem Kopf erhöht sind. Der Kopf des Gefangenen ist zur Bewegungsunfähigkeit fixiert. Ein Vernehmer legt ein Tuch über Mund und Nase des Gefangenen und gießt kontrolliert Wasser auf das Tuch. Die Atmung wird für 20 bis 40 Sekunden unterbunden. Die Methode erzeugt das Gefühl von Ertrinken und Ersticken." Eine der damals entwickelten „verschärften Verhörtechniken". Das Justizministerium erachtete den Präsidenten für befugt, Völkerrecht und damit die auch von den USA ratifizierte UN-Anti-Folter-Konvention „nach seinem Dafürhalten außer Kraft zu setzen". Trotz negativer Beurteilung durch den US-Supreme Court hielt *Bush* noch 2008 daran fest; anderenfalls verlören die USA „eines der nützlichsten Werkzeuge im Kampf gegen den Terror". Erst Präsident *Obama* ordnete 2009 ein Verbot an.
- Zweites Beispiel: Einsatz unbemannter Tötungsmaschinen, militärischer Drohnen, gegen vermutete Terroristen in Afghanistan, Pakistan, Jemen und Somalia. Derartige Drohneneinsätze laufen

VII. Beispielhafte Erfahrungen auf Vortragsreisen

auf staatliche Vollstreckung von Todesurteilen unter Umgehung von Auslieferungs- und Strafgerichtsverfahren samt Schutzgarantien hinaus. Unbeteiligte sind wegen mangelnder Zielgenauigkeit einbezogen. Und das in Ländern, mit denen man nicht im Krieg steht. Koordiniert wurde das wohl auch im pfälzischen US-Militärstützpunkt Ramstein unter Missachtung deutschen und europäischen Rechts.
- Drittes Beispiel: Immens ausgeweitete Abhörrechte von NSA, FBI und CIA ohne richterliche Kontrolle durch den am 25. Oktober 2001 verabschiedeten „Patriot Act". Telefongesellschaften und Internetprovider müssen alle Daten offenlegen. Sogar Einsicht in finanzielle Daten der Bankkunden wurde für Geheimdienste ohne Straftatverdacht möglich. Ausländische Tochterunternehmen von US-Firmen mussten Zugriffe auf ihre Server gewähren. Durch fehlende Einschränkung nach dem Verhältnismäßigkeitsprinzip und plausiblem Terror-Verdacht entstand eine Speicherung persönlicher Daten weitesten Ausmaßes „auf Vorrat". Persönlichkeits- und Datenschutz wurden weltweit beeinträchtigt. Das offengelegt zu haben, ist dem „Whistleblower" *Edward Snowden* gelungen. Er lebt jetzt in Russland und hat die dortige Staatsbürgerschaft erhalten. Durch die Informationen des ehemaligen NSA-Mitarbeiters wurden seit 2013 im „Guardian" und in der „Washington Post" Praktiken der NSA und deren Zusammen-

arbeit mit europäischen Geheimdiensten offengelegt. Daraufhin wurde 2015 unter Präsident *Obama* diese Ermächtigung im „US Freedom Act" eingeschränkt.
- Letztes Beispiel: *Bush* erweiterte am 13. November 2001 den „Patriot Act" durch eine „Military Order": Zeitlich unbeschränkte Inhaftierung ausländischer Terrorverdächtiger ohne Gerichtsentscheid – Grundlage für das Gefangenenlager von Guantanamo auf Kuba. Präsident *Obama* konnte dessen Auflösung nicht gegen die Kongressmehrheit durchsetzen.

Schließlich ist das Kriegs-Paradigma gefährlich, weil es sich in die Strategie von Terrororganisationen einfügt. Sie wollen Staaten zu übermäßigen Reaktionen herausfordern, dadurch Spaltungen der Gesellschaften erzeugen, selbst als Staat oder Kriegspartei aufgewertet werden. Schon die RAF reklamierte für sich, „Krieg" gegen den kapitalistischen Staat zu führen; konsequent forderte sie den Status von „Kriegsgefangenen" für ihre Kämpfer. Diese wurden aber angemessen im Sinne des Kriminalitäts-Paradigmas strafrechtlich verfolgt und verurteilt. Westliche Länder sollten sich nicht die von terroristischen Gruppen und Mächten gewünschte Kriegs-Einordnung aufdrängen lassen. Anderenfalls nimmt man sich bald als im Krieg von Religionen, Ideologien, Gesellschaftssystemen stehend wahr und reagiert demgemäß. Das bestärkt zugleich Ängste, Vorurteile, Generalisierungen, Ausgrenzungen der „Feinde", beispielsweise Gleichsetzung islamistischer Terrorakte und Islam, feindliche Haltung gegenüber Islamgläubigen in westlichen Ländern.

Kriegs-Denken läge auf der Linie von *Samuel Huntingtons* fragwürdigem „Clash of Civilizations". In der Konsequenz nähme man eine „Islamisierung" innerhalb westlicher Kulturen wahr; das würde zu einem Bruch innerhalb des Westens führen: kulturtreue Bürger gegen kulturfremde Islamgläubige. Ganz in diesem Sinne soll sich ein amerikanischer Generalleutnant nach „9/11" an eine Kirchengemeinde gewandt haben: „Der Krieg, den wir führen, ist ein geistlicher Krieg. Satan will unser Volk vernichten. Er will uns als christliche Armee vernichten." Ähnlich auf eigene kulturell-religiöse Identität und Macht bezogen lässt sich eine Haltung russischer Nationalisten deuten; so erklärte das Oberhaupt der Russischen Orthodoxen Kirche Patriarch *Kirill* schon vor Jahren, Russland sei die letzte Festung des christlichen Abendlandes; Christentum im Westen gehe verloren, ja werde ausgegrenzt; und so rechtfertige er auch in religiöser Argumentation den Krieg Russlands gegen die Ukraine. Dies bedeutet auch kriegerischen religiösen Fanatismus als Antwort auf terroristischen religiösen Fanatismus. Es gilt indes, demokratisch kulturelle und religiöse Vielfalt auf dem Boden der Aufklärung und Toleranz zu bewahren oder zu ermöglichen; islamische Flüchtlinge und Zuwanderer sind einzubeziehen in die westliche Wertegemeinschaft; alle aber – die Einheimischen und die Zuwanderer – müssen sich unterschiedslos zu dem Wertekanon des Grundgesetzes und der Europäischen Menschenrechtekonvention bekennen.

Ausgewählte Schriften

Amnesty International, Iran: Zunehmende Unterdrückung von Frauen und Mädchen durch Sittenpolizei und Massenüberwachung, Pressemitteilung v. 26. Juli 2023 >https://www.amnesty.de/allgemein/pressemitteilung/iran-unterdrückung-frauen-maedchen-kopftuchzwang-sittenpolizei<

Assheuer, Thomas, Zur besonderen Verfügung: Carl Schmitt, ZEIT Online v. 03.04.2007 >https://www.zeit.de/feuilleton/kursbuch_166/assheuer/komplettansicht<

Barnett, Ruth, Nationalität: Staatenlos – Die Geschichte der Selbstfindung eines Kindertransportkindes, Berlin 2016

Blake, Aaron, 4 things that stand out from the *Trump* Jan. 6 indictment, The Washington Post v. 02.08.2023 >https://www.washingtonpost.com/politics/2023/08/02/takeaways-trump-jan-6-indictment/<

Blume, Horst-Dieter, Lienau, Cay, Hrsg., Choregia, Münstersche Griechenland-Studien 10, Blutspur in Hellas, Münster 2012

Bode, Sabine, Die vergessene Generation – Die Kriegskinder brechen ihr Schweigen, Stuttgart 2004

Brauneck, Anne-Eva, Die Entwicklung jugendlicher Straftater, Hamburg 1961

Dahm, Georg, Deutsches Recht, 2. Aufl., Stuttgart 1963

Darnstädt, Thomas, Nürnberg – Menschheitsverbrechen vor Gericht, München, Berlin 2015

Decker, Oliver u.a. (Hrsg.), Autoritäre Dynamiken in unsicheren Zeiten: Neue Herausforderungen – alte Reaktionen?, Leipziger Autoritarismus Studie, Gießen 2022

Ausgewählte Schriften

Dölling, Dieter, Hermann, Dieter, Laue, Christian, Kriminologie, Berlin, Heidelberg 2022

Dölling, Matthias, u.a., Hrsg., *Richard Honig,* Prägender Göttinger (Straf)Rechtswissenschaftler? Erscheint demnächst

Dönhoff, Marion Gräfin, Kriegsverbrechen und das Völkerrecht, DIE ZEIT v. 23.11.1950, gekürzter Neuabdruck in: DIE ZEIT v. 03.06.2023, S. 17

Dreisbach, Sofia, Gerichtssaal statt Wahlkampf, FAZ v. 04.08.2023, S. 2

Eckel, Walter, Überleben in Krieg und Kriegsgefangenschaft – Die Schicksale meiner Brüder Heinz, Erwin und Günther im 2. Weltkrieg und danach, Norderstedt 2010

Evangelischer Pressedienst (epd v. 15.05.2023), Brandenburger Dom will „Judensau"-Plastik verhüllen >https://www.evangelisch.de/inhalte/215826/15-05-2023/antijuedische-schmaehplastik-brandenburger-dom-will-judensau-plastik-verhuellen<

Fabricius-Brand, Margarete, u.a., Hrsg., Juristinnen. Berichte/Fakten/Interviews, Berlin, 2. Aufl. 1982

Fähnders, Till, Singapur richtet erstmals seit 20 Jahren eine Frau hin, FAZ v. 28.07.2023 >https://www.faz.net/aktuell/politik/ausland/singapur-frau-erstmals-in-20-jahren-zum-tode-verurteilt-19064959.html<

Fischer, Thomas, Ist das „Judensau"-Relief in Wittenberg eine Beleidigung?
>https://www.lto.de/recht/meinung/m/eine-Frage-an-thomas-fischer-judensau-wittenberg-beleidigung/<

Ausgewählte Schriften

Forsthoff, Ernst, Der totale Staat, Hamburg 1933 (1. Aufl.), 1934 (2. Aufl.)

Gessler, Philipp, Carl Schmitt und *Ernst Rudolf Huber*, NS-Juristen und ihre Rolle nach 1945, Deutschlandfunk Kultur v. 27.01.2016 >https://www.deutschlandfunkkultur.de/carl-schmitt-und-ernst-rudolf-huber-ns-juristen-und-ihre-100.html<

Goldhagen, Daniel Jonah, Hitler´s Willing Executioners, Ordinary Germans and the Holocaust, New York 1997

Grabitz, Helge, Justizbehörde Hamburg, Hrsg., Täter und Gehilfen des Endlösungswahns. Hamburger Verfahren wegen NS-Gewaltverbrechen 1946-1996, Hamburg 1999

Hagan, John, et al., Iraq and the Crimes of Aggressive War – The Legal Cynicism of Criminal Militarism, Cambridge University Press 2015

Hermann, Rainer, Spirale der Gewalt, FAZ v. 13.12.2022 >https://www.faz.net/aktuell/politik/iran-nach-den-hinrichtungen-droht-eine-spirale-der-gewalt-18529104.html<

Hertz, Helge-Fabian, Evangelische Kirche im Nationalsozialismus, Berlin 2022

Hesse, Michael, Historiker *Tom Segev* : „Die Demokratie in Israel war noch nie in so großer Gefahr", FR v. 01.08.2023 >https://www.fr.de/kultur/gesellschaft/israel-tom-segev-historiker-demokratie-grosser-gefahr-interview-92433561.html<

Hoeres, Peter, Knabe, Hubertus, Hrsg., After Dictatorship. Instruments of Transitional Justice in Post-Authoritarian Systems, Berlin 2023

Huber, Ernst Rudolf, Verfassung, Hamburg 1937

Jäger, Herbert, Verbrechen unter totalitärer Herrschaft. Studien zur nationalsozialistischen Gewaltkriminalität, Frankfurt am Main 1982

Ausgewählte Schriften

Krechel, Ursula, Landgericht, 2014

Kreuzer, Arthur, Jugendarbeit, Strafvollzug und Menschenrechte – Impressionen von Vortragsreisen nach Südamerika, Gießener Allgemeine v. 19.11.1983 S. 21

Kreuzer, Arthur, Impressionen aus der Türkei, Gießener Allgemeine v. 02.02.1984 S. 22

Kreuzer, Arthur, Drogen, Todesstrafe und deutsche Gefangene – Eindrücke und Erlebnisse einer Vortrags- und Forschungsreise nach Südostasien, Gießener Allgemeine v. 10.01.1991 S. 27

Kreuzer, Arthur, Seuchen, Korruption, Gewalt, DIE ZEIT v. 26.07.1991 S. 57

Kreuzer, Arthur, Zum Tod von *Anne-Eva Brauneck,* Mschr-Krim 2007, 352 ff

Kreuzer, Arthur, Die juristische Fakultät 1918 und ihr Kriminalwissenschaftler *Wolfgang Mittermaier,* Gießener Universitätsblätter 2018, 61 ff

Kreuzer, Arthur, Trumps Nachlass: Hass, Bewaffnung, Gewalt, FAZ-Online-Magazin „Einspruch" v. 28.12.2020 >https://www.faz.net/einspruch/trumps-nachlass-hass-bewaffnung-gewalt-17122218.html<

Kinder, Christian, Neue Beiträge zur Geschichte der evangelischen Kirche in Schleswig-Holstein und im Reich 1924-1945, Flensburg 1964

Krüger, Herbert, Allgemeine Staatslehre, Stuttgart 1964

Legal Tribune Online (LTO) v. 17.04.2023 : Nach langjährigem Rechtsstreit: Informationsschild zum „Judensau"-Relief angepasst, >https://www.lto.de//recht/nachrichten/n/wittenberger-judensau-relief-informationstafel-ergänzt-distanzierung-von-antisemitismus/<

Ausgewählte Schriften

Leibfried, Stephan, Tennstedt, Florian, Berufsverbote und Sozialpolitik 1933: Die Auswirkungen der nationalsozialistischen Machtergreifung auf die Krankenkassenverwaltung und die Kassenärzte; Analyse, Materialien zu Angriff und Selbsthilfe, Erinnerungen, Bremen 1979

Limperg, Bettina, et al., Entsorgung der Vergangenheit? Die Gedenktafel zur Erinnerung an 34 Reichsgerichtsräte und Reichsanwälte im Bundesgerichtshof, Baden-Baden 2023

Mann, Golo, Deutsche Geschichte des 19. und 20. Jahrhunderts, Berlin 1966

Meier, Kurt, Kreuz und Hakenkreuz. Die evangelische Kirche im Dritten Reich, München 1992

Mezger, Edmund, Strafrecht, ein Lehrbuch, München/Leipzig 1931, 2. Aufl. 1933, 3. Aufl. 1949

Mezger, Edmund, Kriminalpolitik auf kriminalbiologischer Grundlage, Stuttgart 1934

Mezger, Edmund, Kriminologie, München 1951

Mittermaier, Wolfgang, Gefängniskunde, Berlin, Frankfurt a.M. 1954

Müller, Hanno, Juden in Münzenberg 1800-1842, Gambach 1750-1942, Feuerbach II 1800-1874, Fernwald 2014

Müller, Ingo, Furchtbare Juristen. Die unbewältigte Vergangenheit unserer Justiz, München 1987

Munoz Conde, Francisco, Edmund Mezger – Beiträge zu einem Juristenleben, Berlin 2007

Nessou, Anestis, Griechenland 1941-1944. Deutsche Besatzungspolitik und Verbrechen gegen die Zivilbevölkerung – eine Beurteilung nach dem Völkerrecht, Göttingen 2009

Peschel-Gutzeit, Lore Maria, Hrsg., Das Nürnberger Juristen-Urteil von 1947 – historischer Zusammenhang und aktuelle Bezüge, Baden-Baden 1996

Reich-Ranicki, Marcel, Mein Leben, Stuttgart 1999

Ross, Andreas, Trump und die Macht der Lüge, FAZ v. 03.08.2023 (a), S. 1

Ross, Andreas, Trumps Betrug, Etappe für Etappe, FAZ v. 04.08.2023 (b), S. 2

Rüter-Ehlermann, Adelheid, u.a., Justiz und NS-Verbrechen, Amsterdam 1972

Rüthers, Bernd, Carl Schmitt im Dritten Reich, 1989

Rüthers, Bernd, Geschönte Geschichten. Geschonte Biografien, 2001

Schilling, Heinz, Hrsg., Der Reformator *Martin Luther* 2017. Eine wissenschaftliche und politische Bestandsaufnahme, Berlin/New York 2014

Seligmann, Rafael, Freiwillig auf die `Judensau´ verzichten, Gießener Allgemeine v. 18.06.2022, S. 4

Steinke, Ronen, Fritz Bauer: oder Auschwitz vor Gericht, München 2015

Steinke, Ronen, Gericht zieht Grenzen der Israelkritik neu >https://www.sueddeutsche.de/bayern/urteil-israel-karikatur-nazivergleich-meinungsfreiheit-1.5683671<

Storz, Christina, Klarer Sieg für *Netanjahu*, Gießener Allgemeine v. 03.11.2022 S. 7

Sullivan, Kevin, Trump has been indicted before. Historians say this time is different, The Washington Post v. 02.08.2023 >https://www.washingtonpost.com/politics/2023/08/02/trump-indictment-historians-democracy/<

Sullivan, Ronald, Trump indictment: Here´s how prosecutors will try to prove he knowingly lied and intended to break the law, The Conversation v. 03.08.2023 >https://theconversation.com/trump-indictment-heres-how-prosecutors-will-try-to-prove-he-knowingly-lied-and-intended-to-break-the-law-210533<

Ausgewählte Schriften

Talke, Jana, Estis, Alexander, Wie wäre die Documenta noch zu retten? NZZ Online v. 04.11.2022 >https://www.nzz.ch/feuilleton/wie-waere-die-documenta-noch-zu-retten-kuratoren-muessten-die-Lehren-der-geschichte-verstanden-haben-Id.1710328<

Topa, Alessandro, Irans Geschichte: 1979-2019 – Zwischen Revolution, Reformversuchen und regionalem Hegemonieanspruch >https://www.bpb.de/themen/naher-mittlerer-osten/iran/40121/irans-geschichte-1979-2019-zwischen-revolution-reformversuchen-und-regionalem-hegemonieanspruch/<

Vegh Weis, Valeria, Toward a Criminology of the Holocaust?, Kriminologisches Journal 55, 2023, 38 ff

Weinke, Annette, Studie zum Gedenktafelstreit am BGH: Schwierigkeiten mit der eigenen Vergangenheit, Legal Tribune Online v. 02.06.2023 >https://www.lto.de.recht/feuilleton/f/buch-rezension-entsorgung-der-vergangenheit-limperg-kisseuer-roth-reichsrichter-ns-vergangenheit-justiz-aufarbeitung/<

Wolffsohn, Michael, Hinweg mit der deutschen Erinnerungskultur, FAZ v. 28.11.2022, S. 6